# 乙女のサバイバル手帖

五月女ケイ子

Keiko Sootome

平凡社

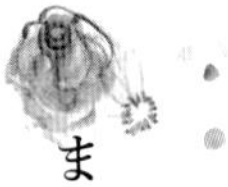

# まえがき

この本は、乙女のサバイバルについて書いた本です。

なぜ乙女かと思われるかもしれませんが、細かいことは気にしないでください。


さて、乙女の生き方も、時代と共に変わってまいりました。

何が起こっても不思議ではない世の中ですから、白馬の王子様を待っているような夢見る少女じゃいられません。

現代の乙女に本当に必要なのは、どんなピンチにも生き残れる強さとスタミナです。


この本には、身近に起こるピンチに立ち向かう、乙女のサバイバルのヒントが載っています。

メルヘンの仮面を被りつつ、こっそりしたたかに、時に荒っぽく大胆に立ち向かう乙女の姿を、妄想をふくらませ、心の赴くまま、したためてみました。

ですので、時に無理めなヒントもございましょうが、お許しいただければ幸いです。

それだけだと申し訳ないので、実際に役立つサバイバルの方法も入れておきました。

見逃さないように、お気をつけください。

肉体面の強化についても割と真実ですが、実践するかどうかは、各個人にお任せいたします。

この手帖を、心の中のヌンチャクを握りしめながら、優雅に生き抜く全乙女に捧げます。

さあ！　乙女の逆襲のはじまりです。

## ★ 登場人物 ★

### 大門ミロ子

人生の酸いも甘いも嚙み分けた乙女番長。
趣味は筋トレと用水路巡り。

### 新田ハロ子

社会の荒波に揉まれまくる子羊乙女。
スイーツとかが好き。

ミロ子「はじめまして。大門ミロ子と申します。
これから、乙女たちへサバイバルの
レッスンを行います。
時に、けっこう無理を言うかもしれません。
用意はよろしいですね。
まずは、スクワット100回です」

ハロ子「オス！」

## 乙女のサバイバル手帖 〜もくじ〜

## 第四章★己のサバイバル

# 第一章★恋愛のサバイバル

恋愛のサバイバル

# SOS①

## 恋する気持ちを忘れてしまったら…？

恋をしなくなってどれくらい経つでしょうか。
もう恋なんてしないと思っているうちに、
ムダ毛の処理をしなくなったり、適当な下着を着るようになったり、
日々、女子力が弱まる一方です。
この砂漠から抜け出す方法を教えてください。

レッツ！
サバイバル！

## 五感を研ぎ澄ませよう

恋の始まりに必要なのは「ビビッ」。つまり「第六感」です。第六感を身につけるべく、五感を徹底的に鍛えて恋愛体質に改善しましょう。

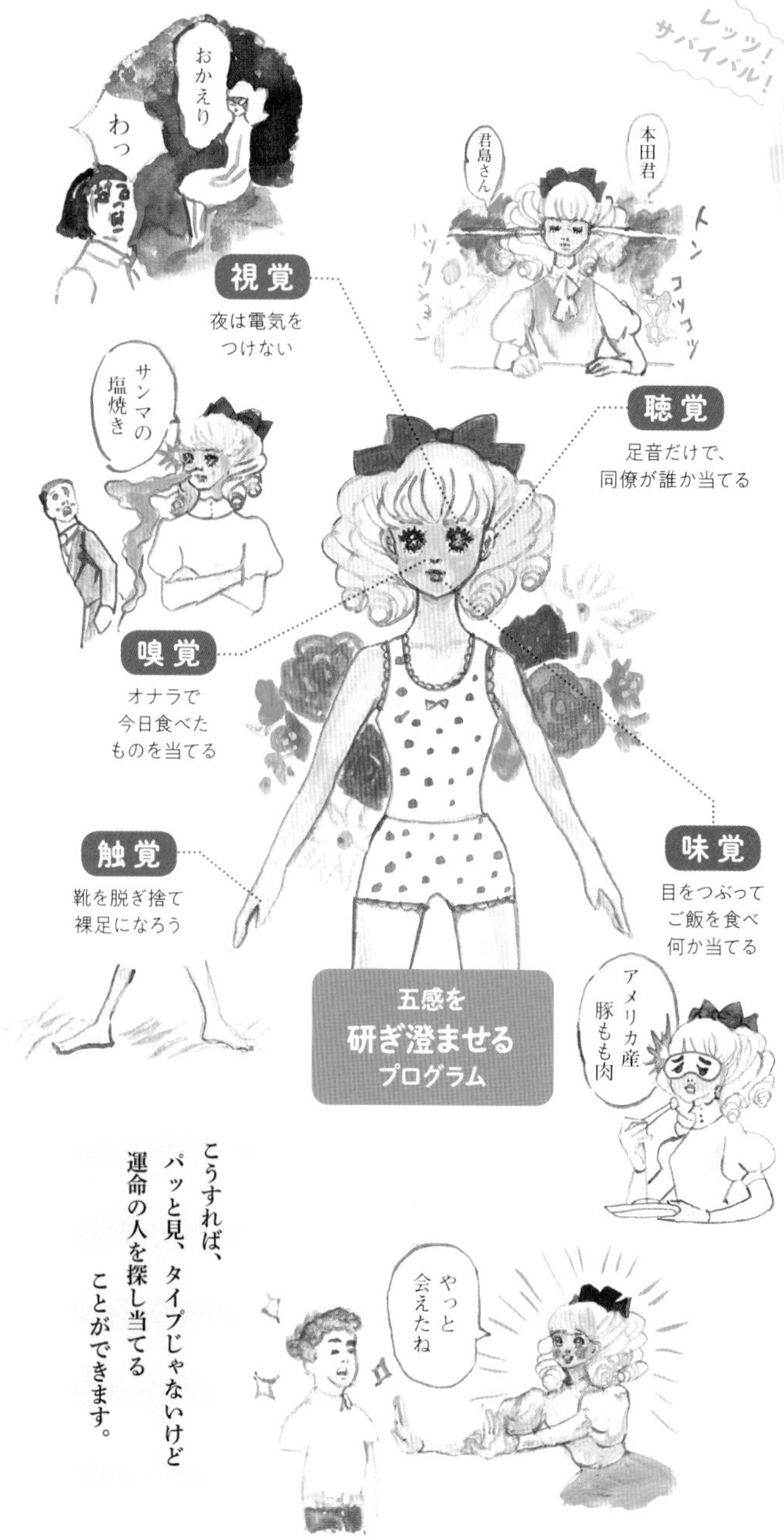
おかえり
わっ
本田君
君島さん
トン
コツコツ
ハックション
視覚
夜は電気をつけない
聴覚
足音だけで、同僚が誰か当てる
サンマの塩焼き
嗅覚
オナラで今日食べたものを当てる
触覚
靴を脱ぎ捨て裸足になろう
味覚
目をつぶってご飯を食べ何か当てる
アメリカ産豚もも肉
五感を研ぎ澄ませるプログラム
こうすれば、パッと見、タイプじゃないけど運命の人を探し当てることができます。
やっと会えたね

応用編

運命とかどうでもいい。
とにかく恋がしたいなら、逆に五感を鈍らせ、
鈍感力を手に入れましょう。

**視覚**

携帯ゲームを
毎日12時間以上やる

**聴覚**

ライブを
ヘビロテで

**嗅覚**

花粉症になるように導き、
常に鼻をつまらせる

**味覚**

何にでも
タバスコをかける

**触覚**

指の皮膚を厚くしよう。
ダンベルを持ち上げてタコを
作ったり、ギターの
チョーキングもオススメ

**五感を鈍らせるプログラム**

鈍感力が磨かれれば、世界が
ソフトフォーカスになり、
すべての男たちがキラキラして
見えるようになります。

Boss of the ladies

# ミロ子のエトセトラ

## サバイバル男子と恋をしよう

様々な困難が降りかかってくるであろうこれからの時代は、
白馬に乗った王子様よりも、ちょっとやそっとじゃ壊れない生存本能の
高い男性を見つけたいものです。ここでは３タイプのオススメ男子を紹介します。

### ◉謎のペットボトルを飲む男

本当に強い人間とは、何でも食べられる生き物です。何が入ってるかわからないペットボトルでも、躊躇せずに飲む勇気、かつ、お腹をこわさない強さを持つ男性を見つけたら、決して離さないようにしましょう。床に落ちたものを食べる男性や、ダンボールを布団代わりに眠れる男性も、高ポイントです。

### ◉ボケ体質の男

「黙って俺についてこい」という男性は、ひと昔前の理想像。今の時代は、怒られても気にしない、または怒られると嬉しくなる男性が、本当の意味で強い男性と言えましょう。結婚後、女性が強くなった場合に、特に力を発揮することができます。

### ◉じゃんけんでよく勝つ男

最後の1個のチョコレート、船から救出される順番など、サバイバル時には様々な場面で、じゃんけんで争うことが多くなるでしょう。日頃からよく観察して、じゃんけんによく勝つ男性をリストアップしておきましょう。

**【乙女俳句】**

彼氏さん
黙って私に
ついてこい

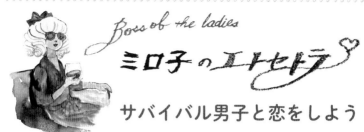

恋愛のサバイバル

# SOS②

## 素敵男性のいない合コンから逃げ出すには…？

緊急のSOSです。合コンに行ってみたら、
男性メンバーが全員イマイチでした。
男性のプライドを傷つけずに、煙のように消える、
現代のサバイバル乙女にふさわしい脱出方法を教えてください。

レッツ！サバイバル！

# 擬態で脱出しよう！

自然界で生き抜くために、
虫や海中生物が周りと同じ色になる「擬態」を応用してみましょう。

## サバイバル初級編「擬態」

1 事前に、店内の画像をチェックし、擬態の準備をしておきましょう。

2 男子の品定めが終わったら隙を見て擬態します。

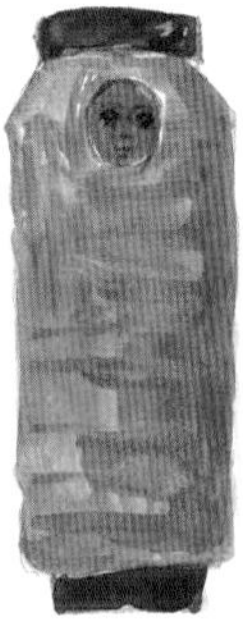

｛赤提灯｝

｛壁｝

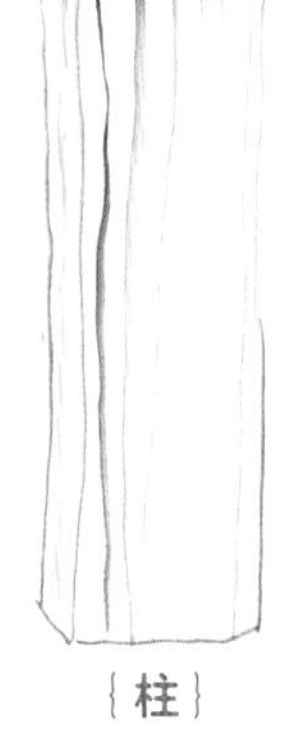

｛柱｝

｛テーブル｝

3 少しずつ動いて、
脱出いたしましょう。

1 事前に、店の人と取引して、床に穴を開けておく。

2 箱に入る。

3 箱を閉める。

4 穴から床下を通って脱出。

5 箱を開くと、あら不思議！

乙女よ！さあ、飲み直そう！

**乙女の豆知識**

**本当にある擬態アイテム「ギリースーツ」**

ギリースーツとはスコットランドで生まれた、敵に見つからないために、草木や小枝などを貼り付けたものを着て風景に溶け込ませる服のことです。

都会では、多少違和感があるかもしれませんが、乙女とは絶対にバレないので、携帯しておくと便利です。

# Boss of the ladies ミロ子のエトセトラ

## 本当にいい合コンとは？

合コンで「おふざけになって！」と思う瞬間。それは、自分が友達の引き立て役で呼ばれていたと知るときです。でも、冷静になって考えてみると実はその合コン、彼女たちにとっては絶対ものにしたい、高レベルの男性が集う「いい合コン」の確率が高いのです。

高レベルな男性は、意識も高いので、外見ではなく、徹底的に中身でアピールすることをオススメいたします。中身を一番効果的にアピールできる方法は、元ヤン風ギャル、または、付け入る隙のないキャリアウーマン風など、一見、とっつきづらい見た目で出かけること。

そうすれば何をしても自然にギャップが生まれ、8割増しに輝かせることができます。

かっこいい…
サラダの量これくらい？
手作りクッキー持ってきちゃった

【乙女俳句】

誤解されやすい
1位は 鼻ピアス

ご健闘をお祈りします。

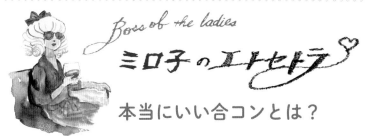

恋愛のサバイバル

# SOS ③

## 都合の良い女がやめられないときは…？

相手は、同じ会社の上司です。深夜遅くに呼び出されたと思ったら、
ドタキャンされたり、部屋をホテル代わりに使われたり、
友人には妹と紹介されたり…。でも、
嫌われるのが怖くて、彼の言いなりになってしまいます。
そんな都合の良い女から早く卒業して、
逆に男を手玉にとる方法をお教えください。

レッツ！
サバイバル！

# 都合の悪い女になろう

都合の良い女とは真逆の〝都合の悪い女〟になれば、悪い男が近寄ってこなくなります。

## 都合の良い女とは？

★すぐに会える女

★イヤと言えない女

★何でもやってあげる女

これと逆のことをする、都合の悪い女を目指しましょう。

### 1 すぐに会えない女

便利な女は皆さん、男性がすぐに立ち寄れるように会社の近くに部屋を借りています。わざと辺鄙な場所に住み、男性の本気度を試しましょう。

八王子駅から
バス30分
徒歩9分

### 2 面倒くさい女

トラブると、ややこしくなりそうな雰囲気を前面に醸し出しましょう。

9月7日は
出会ってから
4回目の
食事記念日よ

★記念日をたくさん作る

明日履く靴下を
タロットで決めるから
ちょっと待ってて

★物事をタロットで決める

## 3 イヤと言える女

勝負下着とは反対の「負け下着」を身につけておけば、お誘いを自然にお断りすることができます。

ごめんなさい……！
今日は絶対絶対
無理なの

★負け下着コレクション★
ブヨブヨに伸びて薄くなった下着
上下バラバラの下着

## 4 口の軽い女

開けっぴろげに彼の秘密を何でも話してしまいましょう。

あの人の銀行口座の暗証番号は…

これでも好きと思ってくれる男は本物です。一生大事にしましょう。

Boss of the ladies

# ミロ子のエトセトラ

## サランラップ女になっていませんか？

都合が良い女をサバイバル用語で言い換えると、
「防災時のサランラップ」です。
サランラップがどんなに都合が良いのか見ていきましょう。

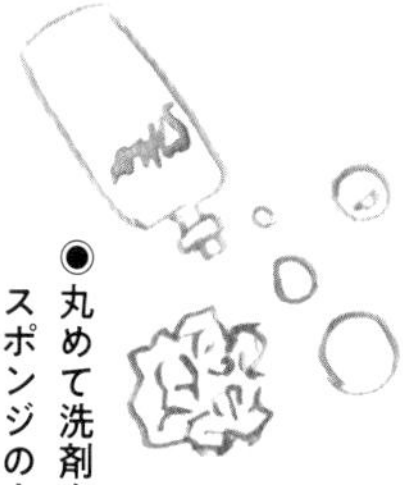

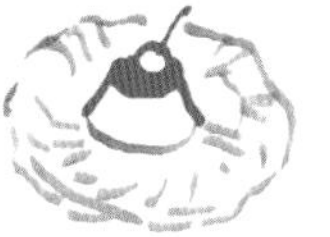

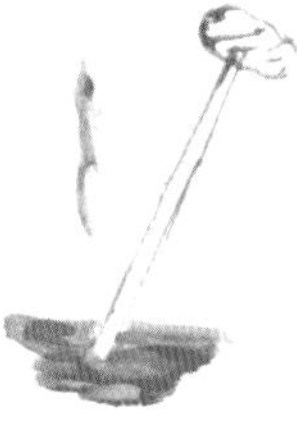

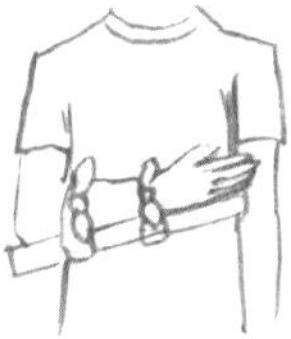

◉火を起こすには水を包んでレンズ代わりにし、黒い紙に焦点をあてる

◉お皿に敷いて、食べると食後にお皿を洗わずにすむ

◉傷口に巻くと皮膚を保護したり止血できる

◉丸めて洗剤をつけるとスポンジのように使える

◉長く伸ばしてひねると紐の代わりになる

【乙女俳句】
これからは
ラップ男を
見つける番

今を生き抜く乙女は、都合が良い時に何にでも代用できて、
用がすんだらポイっと捨てられるような、
サランラップ女になってはなりません。世界に一人、
オンリーワンの、替えのきかない女を目指しましょう。

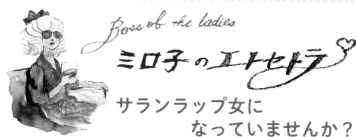

恋愛のサバイバル

# SOS④

## 彼が一人前にならないと、結婚してくれないときは…？

彼に「一人前になったら結婚する」と言われて、早５年。
20代のうちはしょうがないかなと、待っていましたが、
30歳を過ぎても、なかなか「一人前になった」と言ってくれません。
先日マンションを購入したときは、もうさすがに言うと思ったのに…
彼はいつになったら「一人前」になるんでしょうか。

レッツ！サバイバル！

## 結婚のハードルを下げよう

結婚って大変そうだけど、そんなに大したことじゃないのかもと、男性に思わせたら、こちらの勝ちです。

### 男性にとって一人前とは…

★牛丼大盛り一人前
食べられるようになったら

まだまだ

★一人で仕事を
任されるようになったら

まだまだ

★回らないお寿司を
食べに行けるようになったら

まだまだ

★貯金500万円貯まったら

まだまだ

★一軒家を買ったら

まだまだ

このように、男性に「一人前」は一生やってきません。
夢だけは大きい生き物、男性が一人前と
自覚するのを待っていたら、おばあちゃんになってしまいますので、
極貧生活なんて全然平気とアピールして、女性側から結婚に誘導しましょう。

2 お風呂は流しで

1 焼肉の匂いだけで
ご飯をお代わり

4 冬は重ね着で

3 立ち飲み屋台でホッピー

こうすれば彼にとっての
結婚のハードルが下がるはず。
結婚してしまえば、
こちらのものですので、
すぐに普通の生活に戻しましょう。

# Boss of the ladies
# ミロ子のエトセトラ

## いつも心にコロッケそばを

俳優・中井貴一さんの一般女性との結婚の決め手は、デートで立ち食い蕎麦屋に入っても、イヤな顔一つせず、コロッケそばを「美味しいね」と言って食べてくれたことなのだそう。つまり、結婚のハードルを下げるということは、芸能界のスターとの結婚のきっかけにもなりうる魅力的なポイントなのです。
ですから、極貧アピールにくじけそうになったときには、
「コロッケそば」と心の中で何度も唱えて、
夢を叶えるために邁進しましょう。

**◉中井貴一プロフィール**

［誕生日］1961年9月18日　［出身地］東京都
［デビュー年］1981年
［身長・体重・血液型］181cm・70kg・A型
［星座・干支］乙女座・丑年
［趣味］ゴルフ　［宝物］親父の形見の腕時計
［特技］テニス・スキー

**★中井さんのお茶目なエピソード集**

「何事にも真剣になるタイプで、トランプでも絶対に負けたくない。」「二重まぶたになりたくてアイプチを使ったら、ボクシングで殴られたような顔になった。」「学生時代、飲みすぎで吐いている友人の背中をさすって介抱しているうちに、自分も気持ち悪くなり、友人めがけて吐いてしまった。」

【乙女俳句】
アイプチの
話でファンに
なりました

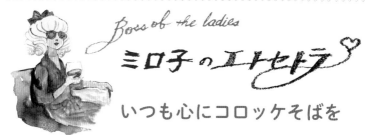

恋愛のサバイバル

# SOS⑤

## 玉の輿に乗りたくなったら…？

先日、バンドをやってるフリーターの彼氏と、
3年付き合った末に別れました。そこで学んだことは、
結局、世の中って、愛よりお金ですねってことです。
これからは、玉の輿に乗ることを人生の目標にします。
何が何でも、玉の輿を勝ち取る方法を教えてください。

## 隠れ玉の輿を狙え！

わかりやすいお金持ちには、ライバルが多いので、一見お金持ちには見えない「隠れ玉の輿」を狙いましょう。

### 隠れ玉の輿男性の特徴

- ★仕事命なので服装に無頓着
- ★昼間からブラブラしている
- ★職質を受けやすい

**DANGER!!**

隠れ玉の輿は一見普通、むしろ社会性がない男性に見えがちなので、間違えると大変なことになります。

お金持ちが行きそうな
場所にいる場違いな人は、
隠れ玉の輿の
可能性が高いです。

《例1》
**オペラを観に来たサンダル履きの人**

**靴だけが妙に綺麗な男性、**
**歯が金製など、こっそり金持ち感を**
**漂わせている男性にもご注意あれ。**
**ご健闘をお祈りします。**

《例2》
**パーティに来た普段着の人**

《例3》
**ゴルフ場に来た色白の人**

**乙女の豆知識**

## スティーブ・ジョブズに見るお金持ちの価値観

ジョブズさん

スティーブ・ジョブズさんは、黒のタートルネックとジーンズ、ニューバランスのスニーカーをいくつも持ち、それらをいつも着回していたそうです。

その理由は、毎日何を着るか考えることに頭を使いたくなかったからだそう。このように、仕事に夢中になる人には、お金なんてどうでもいいと考えている人が多いのです。隠れ玉の輿に乗った場合には、使うあてもなく余ったお金を、有効に使ってあげましょう。

Boss of the ladies

# ミロ子のエトセトラ

## 人命救助は恋のキューピッド

恋のきっかけはいろいろですが、昔から変わることなく男女を
ドキドキさせ続けるシチュエーション、それは、人命救助。
いざという時に使えて、サバイバルにも役立つ人命救助の方法をお教えします。

### ●心臓マッサージ

1 両手の指を交互に組む

2 上の手の付け根付近で垂直に押す

3 1分間に100回のペースで、一定のリズムを保つ

「スターウォーズ」のダースベイダーのテーマの速さが目安です。思っている以上に強い力で押すことが大事です（胸が4、5センチ凹むくらいに）。

### ●人工呼吸

1 仰向けに寝かせて片手で首を支え、もう片手で額を押さえて頭をそらせる

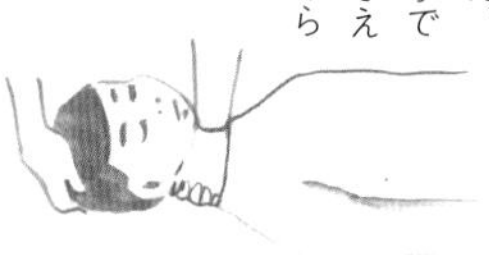

2 片手で口を押さえて、鼻か口に息を吹き込む。心臓マッサージを30回と人工呼吸2回を繰り返す

### お餅がのどにつまったときは…

### ●腹部突き上げ法

1 後ろから腰のあたりに手を回す

2 へその上、みぞおちの下に握り拳を作り、素早く上に向かって圧迫するように突き上げる

【乙女俳句】

青田買え
大学病院の
研修医

# 第二章★会社のサバイバル

会社のサバイバル

SOS①

# 同僚とウマが
# 合わないときは…？

入社２年目。
やりがいのある仕事ができると思って入った会社ですが、
同じ課の人たちと全くウマが合いません。
存在を消したり、昼休みにはすぐに外に出たりして、
なるべくふれあわないようにしていますが、
もう会社を辞めた方がよいのでしょうか？

レッツ！
サバイバル！

# 災害時の社内のフォーメーションを作ろう

色々な生息地から集まった社員たちは、何から何まで違うことばかりですが、「サバイバル」という観点から見ると、とてもラッキーなのです。

**1** 仕事するふりをしながら、同僚たちをよく観察いたしましょう。

斉藤係長
二ノ宮さん
時田くん
東海林さん
本田課長
新田さん

## 2 長所を探し出し、災害時の社内のフォーメーションを完成させましょう。

★人の目を盗んでは、差し入れを失敬する後輩の時田くん

⬇食料調達係

★こじらせ女子の二ノ宮さん

⬇こじらせたときにいさめることで、みんなの団結力をアップさせる係

★特に取り柄がないけど、いないとちょっと寂しい斉藤係長

⬇マスコット

★レジ袋を貯める癖のある新田さん

⬇防災グッズ係

★武勇伝を語りがちな本田課長

⬇センターに配置。活躍してもらって、新しい武勇伝を作ってもらおう

★カラオケで空気を読まずに「マイウェイ」を歌い上げる東海林さん

⬇大声で助けを呼ぶ係

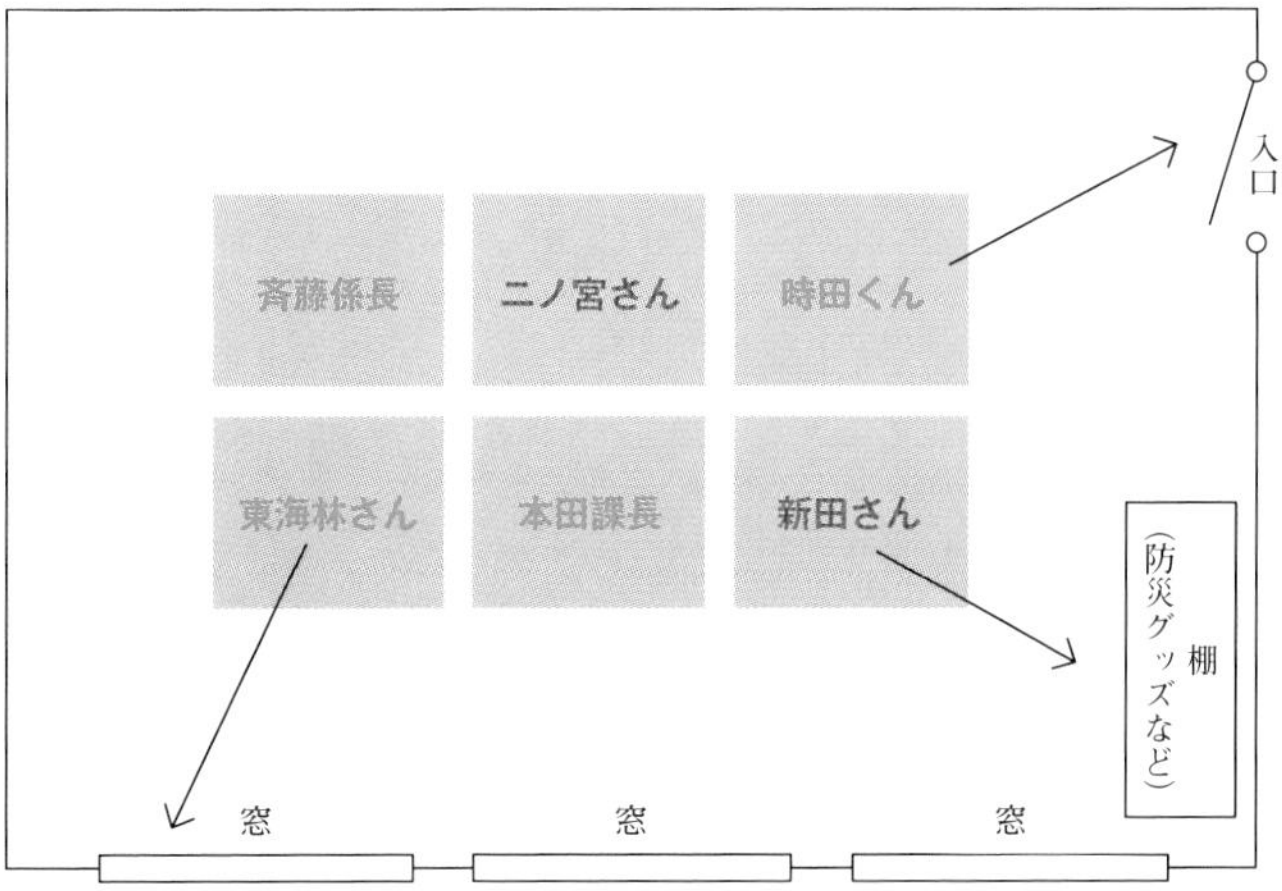
入口
斉藤係長
二ノ宮さん
時田くん
東海林さん
本田課長
新田さん
棚
（防災グッズなど）
窓
窓
窓

相手の役立ち度を探るために、
積極的に飲みに誘ったり
休日にも会っているうちに、
生き残るためのかけがえのない
パートナーになるはずです。
ご健闘をお祈りします。

Boss of the ladies

# ミロ子のエトセトラ

## パニックに陥らないために

サバイバーがジャングルで遭難したときに一番大切なことは、「パニックに陥らない」こと。そのために覚えておくといい合言葉をお教えします。それは、「STOP」。

**S** top = 止まる
▼
**T** hink = 考える
▼
**O** bserve = 観察する
▼
**P** lan = 計画する

※頭文字をとったものです。

**◉同僚の意味のわからない行動に、パニックに陥ったときには、この言葉を思い出そう。**

[例] 同僚にマウンティングされ、カッとした時

### STOP
**1 止まる**

体を動かさず、呼吸を整える。呼吸が整うと、認知機能が向上する。

### THINK
**2 考える**

落ち着いたら、自分が置かれた状況を見つめ、何ができるかを考える。

### OBSERVE
**3 観察する**

周囲や相手の状態をよく観察して、心理を把握する。

### PLAN
**4 計画する**

状況が把握できたら、戦略を立てる。どうすれば、最も効果的に逆襲できるか、臨機応変さが大切。

**【乙女俳句】**

ポシェットに
怒りを隠して
サバイバル

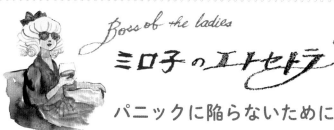

会社のサバイバル

SOS②

# 同僚のマウンティングから身を守るには…？

会社の同僚にマウンティングされて困っています。
先日もお土産に「これ、ハロ子になら似合うと思って」と、
変な帽子を贈られました。
どうしたらマウンティングされないようになるでしょうか。
お助けください。

# 人とは違う山を登ろう

人と違う価値観を持てば、マウンティングされても気づかずにすみます。

**1** 誰ともかぶらないプロフィールを考えましょう。

| | |
|---|---|
| 名前 | 新田 ハロ子 |
| 生年月日 | 11月23日 |
| 星座 | 射手座 |
| 血液型 | O型 |
| 好きなタレント | 高田 純次 |
| 好きな本 | 旧約聖書・ムー |
| 好きな食べ物 | めかぶ |
| 好きなタイプ | 車を持ってない・イケメンではない・体育会系ではない |
| 好きなテレビ番組 | 5時に夢中！ |
| インスタにアップするもの | 面白い文字の看板・パック中のセルフィ |
| 趣味 | ゆるキャラ聖地巡礼・恐山巡り |

**乙女の豆知識**

**他にもあります！マウンティングから身を守る護身術**

◉手作りの木彫りのネックレスを身につける

◉耳を動かしながら10秒無言で見つめる

◉怪しげな集会に誘う

◉いつも瞑想をしている

◉日本酒の瓶か東スポを片手に持つ

この人には普通のマウンティングは通用しないと思わせれば、こっちの勝ちです。

ハロ子の彼氏ってさゆるキャラそっくりだね
え、嘘！ 嬉しい！ どのキャラ？ 2019ゆるキャラ グランプリ47位の ダイコン爺さんとか？
マウンティング中

あーあ 今年はまだ 3回しか 行けてないよ 恐山
へ、へぇー そうなんだ
マウンティング中

お互いにマウンティング
しているつもりなのに、
マウンティングされてることに
気づかないという奇跡が起こります。
どうぞお試しあれ。

## 乙女たちの筋肉講座【第1回】

# マウントポジションの返し方

格闘技に、馬乗りになって動きを封じるマウントポジションという技があります。ここでは、このマウントポジションの返し方を伝授いたします。覚えておくといざというときに使えるかも知れませんよ。

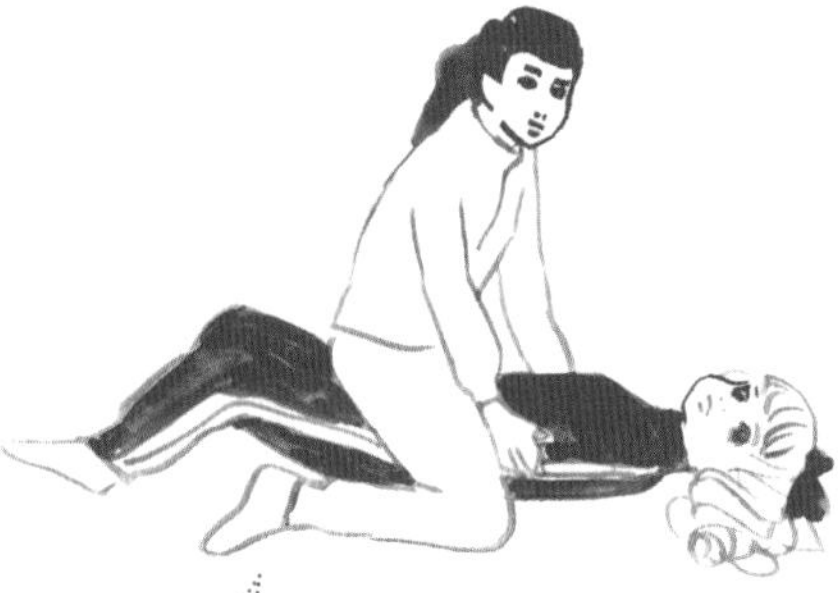

マウントを取られた状態

▼

**1** 押さえ込まれたら、相手が攻撃してきた瞬間に、足で相手を押してバランスを崩させます。

▼

**2** 相手が密着してきたら、返す側の腕をしっかりホールドし、バランスが取れないようにさせておきます。

▼

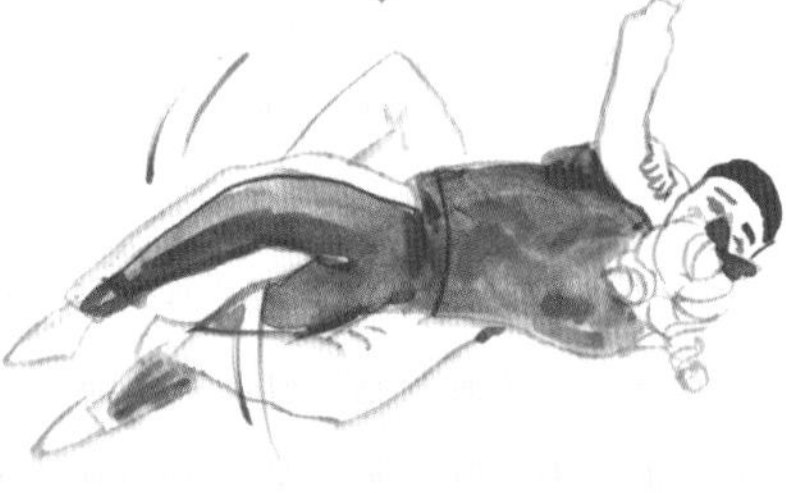

**3** 次に相手の足を封じ、一気に横にブリッジして返します。

会社のサバイバル

SOS③

# 会議中にお腹が
# 鳴りそうになったら…？

ごきげんよう。出社後９時にはいつもお腹が空いてしまいます。
フリスクを一箱食べても、全然足りません。
今日はこれから、取引先へのプレゼンがあります。
沈黙時にお腹を鳴らす不祥事を起こし、
取引中止になってしまったら…。
私のピンチをどうかお救いくださいませ。

レッツ！
サバイバル！


## ファッション備蓄をしよう

非常時に、いつでもこっそり腹ごしらえできるよう、ファッションの中に食料を備蓄いたしましょう。

★ヘアアクセサリーを
キャンディに
★ボールペンの先に
チョコレートを
★味ごのみで
腕輪を
作りましょう
★ピアスを
キャラメルコーンに
★ボタンを
ポイフルにする

乙女の豆知識

**かじりのレジェンド「キムタクさん」**

キムタクこと木村拓哉さんといえば、自然体でかっこいい演技を追求することで有名ですね。そんな彼の演技メソッドにおいて、重要な役割を担うのが「かじり」テク。これまでキムタクさんは、ドラマの中で色々なものをかじってらっしゃいました。

**◉キムタクさんのかじってきたもの**

サングラス

## こんなところにも…

備えあれば憂いなし。空腹時のために、力の限り蓄える。それが現代の乙女の掟です。

★リップクリームの中に羊羹を詰め込む

★アイフォンケースと見せかけてビスケットをかじる

★カールヘアにクロワッサンを混ぜ込んでおく

★パソコンの一番使わないキーを板チョコと取り替えておく

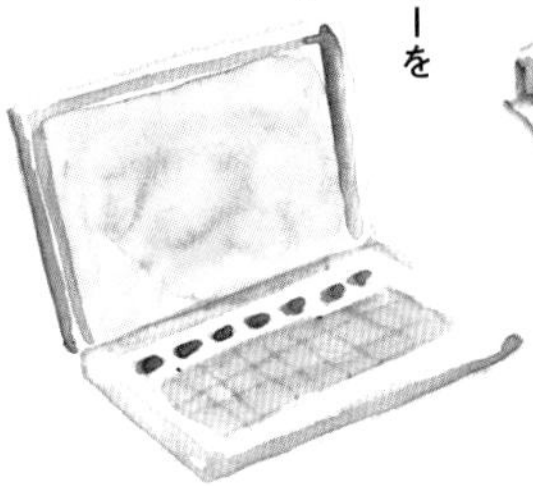

紙

ユニマットのスプーン

一見かっこ悪い行動を、回り回ってかっこよく見せてしまうキムタクさんの力業には、尊敬の念を禁じ得ません。この精神を引き継ぎ、色々なものに食べ物を忍ばせながらナチュラルにかじり、美しく見せるテクニックを身につけましょう。

さあ、貴女もレッツトライ！

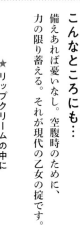

Boss of the ladies

# ミロ子のエトセトラ

## 上級テク！
## 逆襲サバイバルファッション

会議のたびにつまらないダジャレを言い続けて、人々を凍りつかせる上司へ、逆襲というメッセージを備蓄にも込めてみました。

ダイナマイトのようにカロリーメイトを腹にガムテープで巻く
ガーターベルトにもカロリーメイトを色っぽく備蓄
昔のマンガで不良がよく口にくわえる木の枝に見せかけてチョコの小枝をくわえましょう
ブラックのネイルは飴細工で


人間ですもの、腹は空く。
長くてダラダラした会議なんて速攻終わりにして、
焼肉1000円ランチに繰り出しましょう。

【乙女俳句】
ごちそうさま
次はゲップに
お気をつけ

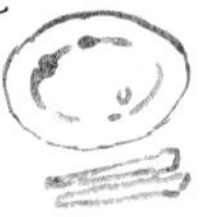

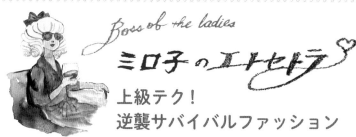

会社のサバイバル

# SOS④

## お土産が人数分
## 足りないときは…？

勇気を出して有休を取り、海外旅行に行ってきました。
でも、ついつい浮かれすぎて、会社で渡すお土産を後回しにし、
人数分足りなくなってしまいました。
どうにかうまく誤魔化して、
ピンチを乗り切ることはできるでしょうか。

## 知恵を絞ろう

お土産の選び方や渡し方にちょっと工夫をするだけで、渡す方も渡される方も、快適なお土産ライフを送ることができます。

**1** ざっくりと渡す。

朝一番に出社し、
こっそり部屋の片隅に置いておきましょう。
そうすれば、気づかない人もいますし、
行き渡らなかった人にも、誰かが二個食べたのかな？
と思ってもらうことができます。

## 2 欲しくないお土産にする。

どうぞ、房総半島の流木です

途中でなくなっても、
もらえなかった人の方が逆に
ホッとするので、
ウィンウィンの状態に持っていく
ことができます。

じゃがポックルや
堂島ロールなどの、
みんなで分けて数を
誤魔化せるものもオススメです。
お試しあれ。

### 乙女の豆知識
### 欲しくないお土産カタログ

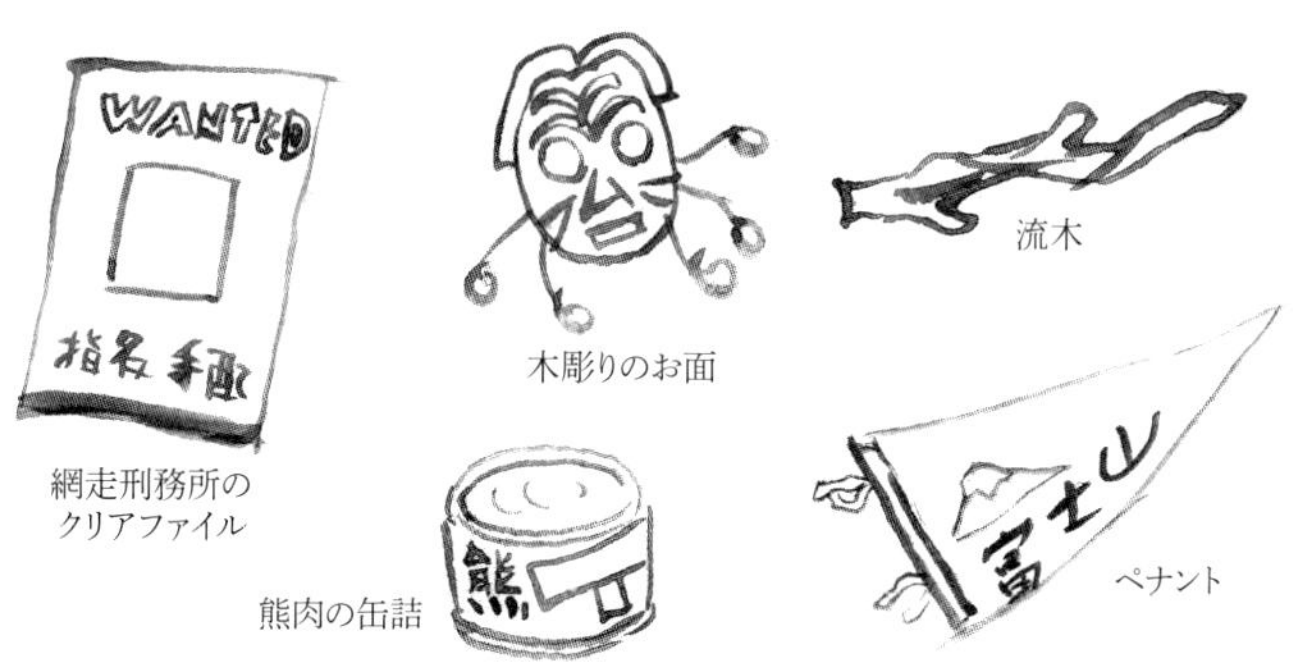
流木
木彫りのお面
WANTED
指名手配
網走刑務所のクリアファイル
富士山
ペナント
熊
熊肉の缶詰

## 乙女たちの筋肉講座【第2回】

# 瓦割りでお土産を分けよう

お土産のお菓子が人数分足りなかったときに私がよくやる方法が、瓦割りです。

手刀で、えいや！　と割ってみんなに分ければ、盛り上がるしクールなので、一石三鳥です。

この技を手に入れるには、手の甲に角質層を作り、厚くすることが大事です。

※八ツ橋を手刀で分けています

◉砂袋や木を何度も何度もパンチして、皮膚を硬くしましょう

◉力道山さんは木製のハンマーで手を叩いて鍛えていました

◉砂袋

◉木に藁を巻いたもの

砂袋や木に藁を巻いたものを、毎日、何度も何度もパンチしていれば、徐々に皮膚が硬くなってきます。

空手チョップという技で一世風靡したプロレスラーの故・力道山さんは、木製のハンマーで手を叩いて血だらけになりながら、皮膚を鍛えたのだそうですよ。

たかがお土産、されどお土産。

どんな時にもエンターテインメントの精神を忘れない。

それが今を生きる乙女のサバイバル法なのです。

会社のサバイバル

# SOS⑤

## 密室で誰かにオナラを されてしまったら…？

エレベーターなどの密室において、
どなたかがオナラをすることがよくあります。
避けられないお匂いに殺意を覚えつつ、
自分がしたと思われるのではないかと気が気ではありません。
清く正しくたくましく、生き抜く方法を教えてください。

レッツ！サバイバル！

# 犯人に喜んで名乗り出てもらおう

自分ではないことをアピールしながら、犯人が自ら進んで名乗り出る方法を伝授いたします。

あら、とても甘くて良いお匂いがするわ
ほんとね。なんて清々しい香りなのかしら

1 みんなでオナラのお匂いをこれでもかと賛美いたします。

## 2 犯人は喜んで名乗り出ることでしょう。

このお匂いをさせている方は一体どなたなのかしら？
はい、ぼくです

### 乙女の豆知識

#### 身の潔白を証明する乙女らしいジェスチャー

◎五郎丸＋乙女のポーズでさりげなく鼻をガード。

◎犯人がわかる乙女は、ポーズを取るふりをして、犯人の方へ指を向ける。

Boss of the ladies

# ミロ子のエトセトラ

## もしも乙女がオナラをした場合…

乙女はオナラはしないというイメージをお持ちの方も多いのでは？
夢を壊さないように「オナラは自宅でたっぷりと」が乙女のエチケットです。
ただ、どうしても我慢できずに、もしくは突発的に、
オナラをしてしまった場合にも、あくまでも乙女らしく対処しましょう。
それが清く正しくたくましいサバイバル乙女のエチケットです。

◉直ちにバラの花で栓をする

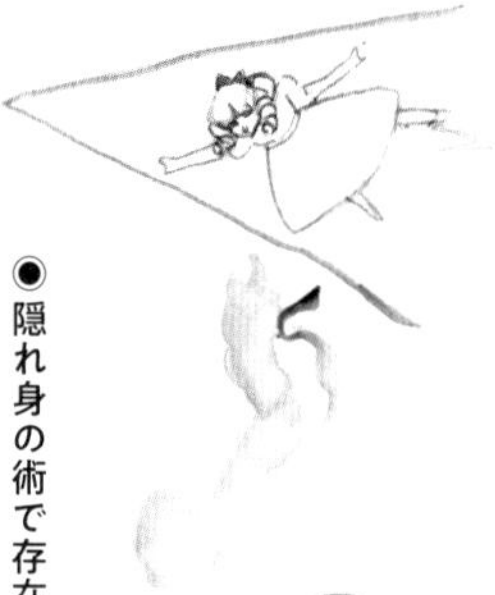

◉隠れ身の術で存在を消し、お匂いだけにする

◉小瓶にオナラを封じ込め、海に流しましょう

【乙女俳句】
マイオナラ
世界の果てまで
届けたい

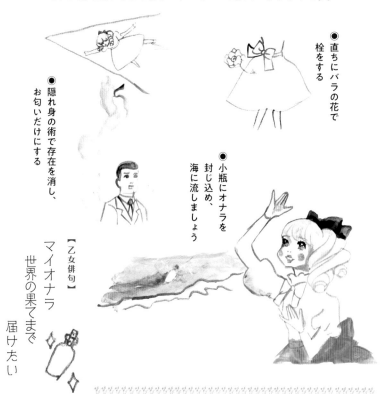

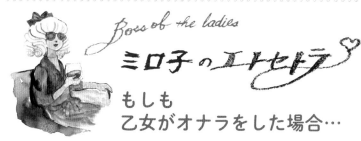

会社のサバイバル

# SOS⑥

## クーラーの快適な設定温度が合わないときは…？

夏場の社内で、中年男性社員たちと快適な温度が合わず、
いつも寒くて凍えてしまいそうです。
「俺たち服脱ぐしかないけどいいの」とセクハラまがいの理屈を並べられ、
結局は、男性どもの温度に合わされてしまいます。
極寒の地でのサバイバル方法を教えてください。

# こっそり体を鍛えよう

おじさんに屈したままでいるのは悔しいので、仕事中にこっそりトレーニングし、自ら体温を上げる。かつ強靭な肉体を作りましょう。

1 デスクワーク中、こっそり足上げ運動。

2 怒られているときにも一人足相撲。右足と左足で押し合おう。ハッケヨイ!

3 会議中には椅子を使わず空気椅子で。

4 お茶を運ぶトレイを鉄製にしたり、ボールペンに重りをつければ、効果倍増です。

## 乙女の豆知識

### 寒さを乗り切ろう。簡単にできる防寒アイテム

身近なものを工夫して使えば、様々な防寒アイテムに早変わり。災害時にも使うことができるので、覚えておきましょう。

◎簡単寝袋
ビニールシートを体に巻けば、かなり寒さがしのげます。

◎ゴミ袋布団
ゴミ袋に新聞紙を丸めたものを詰めましょう。

◎ゴミ袋Tシャツ
ゴミ袋の底と左右を切れば、着ることができます。

◎サランラップ
腕に直接巻くと、保温効果が抜群です。

どうぞ、お試しあれ！

Boss of the ladies
# ミロ子のエトセトラ

## 筋肉乙女たちの逆襲

仕事中のこっそり運動で心身共にたくましく成長したならば、
それを楯に取り、暑がりの男たちへ逆襲いたしましょう。

**◉天井裏に忍び込み、冷房のダクトを破壊する**

二度とクーラーが使えないようにしてやりましょう。

**◉課長を取り囲む**

筋肉質の乙女たちに取り囲まれるだけで、得体の知れない恐怖感を覚えるはずです。

**◉おじさんたちの体型をチェック**

「脱ぐ脱ぐ」といっていた男どもが、理想の体型になるまでは、絶対に脱がせてはなりません。

**【乙女俳句】**

適温を
勝ち取るまでは
有休消化

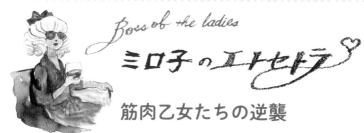

会社のサバイバル

SOS⑦

# 課長の臭いに耐えられないときは…？

課長の整髪料のお臭いに困っています。

今、この髪型を見られるのは、課長か２時間サスペンスドラマの大物俳優さんくらいで貴重だとわかっているのですが、課長の前では息をしないようにしているので、酸欠で倒れそうです。

このピンチを乗り切るヒントをお教えください。

## 課長を虫と思おう

課長を人間ではなく、昆虫（極めて珍しい臭いを出す絶滅危惧種）に置き換えてみましょう。

**★臭いを出す虫はとても安全です**

**1 近づいたらすぐに分かる**

課長が半径5メートル以内に接近すればすぐ分かるので、仕事をサボっていてもバレずにすみます。

## 2 危険から身を守れる

飲みすぎて、万が一、間違いが起きそうになっても、
臭いが先にやってきて、すぐに現実に引き戻してくれます。

臭いや音もなくやってきて攻撃する、
ムカデや毒蜘蛛よりずっと親切というわけです。

いつも「僕はここにいるよ」
と教えたがる、
少し寂しがり屋さんは、
安全で紳士的。
大切にいたしましょう。

### 乙女の豆知識
### 臭くて貴重な昆虫図鑑

◉カメムシ

外敵から身を守る為に、後ろ足の付け根から臭い油状の液体を出します。密閉容器に入れておくと、自分の臭いに耐えられず、死んでしまうこともあるのだとか。

◉ミイデラゴミムシ

「屁っぴり虫」とも呼ばれるこの虫は、敵に襲われると、お尻から悪臭を伴う毒ガスを放ちます。その温度はなんと100度にまで達し、カエルが一度飲み込んでも、あまりの熱さに吐き出すくらいです。

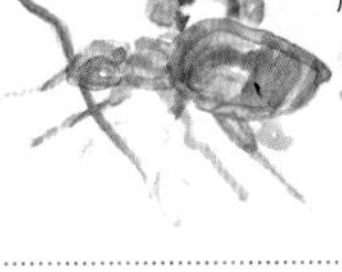

Boss of the ladies

# ミロ子のエトセトラ

## 臭いものには「臭い」と言おう

自分の臭いって自分ではわからないもの。ということで、
課長に「臭いですよ」とスマートに伝えるメソッドを考えてみました。

### 1 素敵なポエムでオブラートに包んでみる

春の風にのって
今日もまた
やってくる
あの独特の香り
〝グッドモーニング〟
朝のご挨拶をしてくれているの？
ありがとう
でも
言葉で言ってもよろしくってよ

### 2 ちょっとした青春ドラマ風に演出してみる

課　長「ミロ子くん、最近、君ちょっと臭いぞ。香水つけすぎなんじゃないのか」
ミロ子「ひどい！」
課　長「あ、ミロ子くん」
同　僚「課長・・・今までみんな言えなかったんですけど、実は、課長も・・・」
課　長「え・・・！」
課　長「なんてことだ。自分が臭かったなんて・・・。ミロ子くん、すまなかった・・・！」

【乙女俳句】
時すぎて
課長の臭いを
懐かしむ

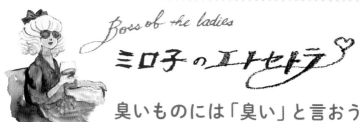

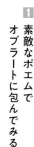

会社のサバイバル

# SOS⑧

## 「ゆとり」とバカに されたくないときは…？

何かというとすぐに「ゆとりだから」と言われます。
先日はハンバーグを食べているだけで「ゆとりだなあ」と言われました。
休日に接待と称してゴルフ三昧の
おじさんたちの方が、よっぽどゆとってるって思います。
もう、ゆとりとは呼ばせない
サバイバルテクニックはございませんでしょうか。

レッツ！サバイバル！

## ゆとりっぽく見えない技を習得しよう

おじさんどもは、一つゆとりっぽくない技を見せれば、すぐにゆとりじゃないと思い込む、単純でかわいい生き物なのです。

**1 火を起こす**

自分にできないことができる若者がいたら、もうぐうの音も出ません。

**2 魚を三枚に下ろす**

おじさん・おばさんは、魚を三枚に下ろせさえすれば、しっかりしてると思う生き物です。

## 3 1日1食

ゆとりにカテゴライズ
できなくなります。

早口、早足、
早食べも
効果ありです。

## 4 簡単な手術

命を助けられたら、
もうゆとりとは言えません。

ゆとりのイメージとかけ離れた
技を披露すれば、
ギャップ萌えの要領で、
逆に尊敬される存在に。
おじさんどもを
手玉に取ってやりましょう。

**乙女の豆知識**

### 知っているとゆとりと思われない電話番号

◉災害用伝言ダイヤル（171）
◉海難事故用の緊急電話番号（118）
◉日本赤十字社
（03）3438－1311
◉ホワイトハウス
（＋1）202－456－1111
◉ホテルニューオータニ
（03）3265－1111
◉東京お台場 大江戸温泉物語
（03）5500－1126
◉日本相撲協会
（03）3623－5111
◉週刊文春 編集部
（03）3288－6123

**★話すと頭がよく見える言葉**

架電 — 電話をかけること
軛（くびき）— 自由を束縛するもの
怜悧（れいり）— とても利口で賢いこと
不調法（ぶちょうほう）— しくじり

## 乙女たちの筋肉講座【第3回】

# ゆとりに見せない肉体を作ろう

なんとなく「ふわっとしている」、もしくは「ひょろっとしている」これがおじさんたちの思うゆとりっぽい体型と思われます。
これを逆手にとり、
ゆとりっぽく見えない体型を考えてみました。
もう二度とゆとりとは言わせない肉体作りをいたしましょう。

### ◉肩幅が広い

効果的なのは逆立ち腕立てふせです。腕を肩幅よりやや広げて逆立ちし、肘を曲げゆっくり体を降ろし、肘を伸ばしゆっくり元の体勢に戻します。

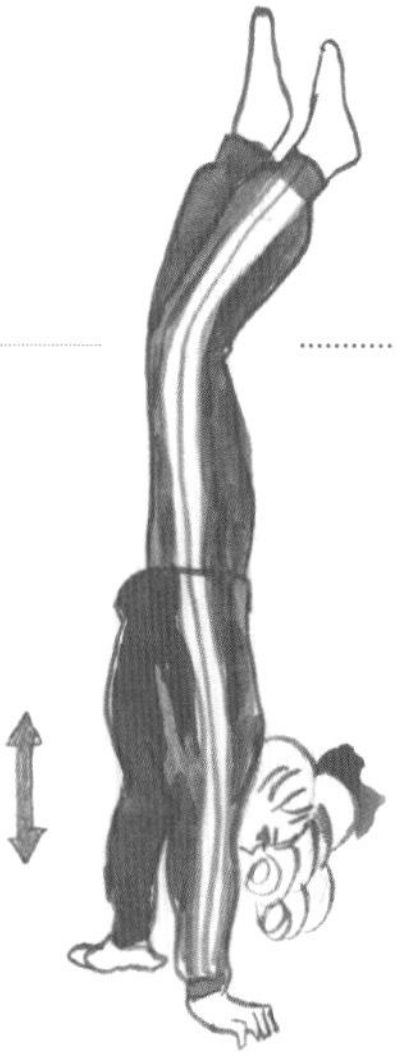

### ◉首が太い

重りを頭部につけ、ベンチに仰向けで寝そべり、頭を起こします。動作はゆっくりと丁寧に繰り返すことが大切です。

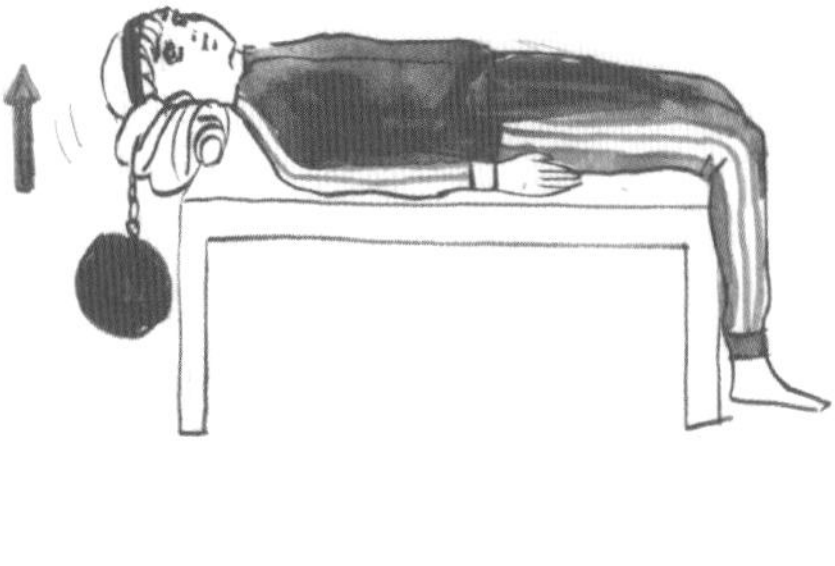

会社のサバイバル

SOS⑨

# 上司との飲み会を断れないときは…？

上司との飲み会に行ったら、
セクハラ、モラハラ攻めに遭うのは目に見えているので、
全然行きたくないのですが、後々のことを考えると、
どうしても断ることができません。
仕事に支障がない範囲で、
二度と誘われなくなるサバイバル法をお教えください。

レッツ！サバイバル！

# 酔ったふりをして飲み会を盛り下げよう

日本特有の「無礼講」という概念を最大限に生かしてピンチを乗り切る。これが現代を生き抜く乙女のサバイバルです。

1 お酒をたくさん飲む。

もう1本お願いいたします

2 泥酔したふりをして、上司たちに絡めるだけ絡む。日頃から溜まってる鬱憤も晴らせるので一石二鳥です。

部チョウ おまえは 口臭 なんとかしろ

**3 二次会のカラオケでは、マイクを奪い、男性が興味のない話を延々と喋りましょう。**

［例］ヴィーガン、羊毛フェルト、花言葉など

赤いアネモネの花言葉は「君を愛す」
白いアネモネの花言葉は
「真実」「期待」「希望」
アネモネの英語の花言葉は…

では、はじめましょうか

**4 乾杯の前にレコーダーをセットするのも効果てきめんです。**

ご一緒しましょうか？
いや、いいよ

**これで貴女は、もう二度と飲み会に誘われなくなることでしょう。**

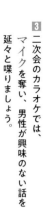

# 乙女たちの筋肉講座【第4回】

## 酔拳《すいけん》でセクハラ上司を懲《こ》らしめよう

上司のセクハラは、
長い間、笑って聞き流すのが
暗黙のルールとされてきましたが、
これからの乙女は、絶対許すまじ。
断固、立ち向かうべきです。
さて、そうなりますと、酔ったふりを
してもできる酔拳を覚えておいて
損はございません。
ぜひ、チャレンジしてみてください。

酔拳とは…
中国武術の一種。酒に酔っ払ったかのような独特な動作が特徴的。昔、ジャッキー・チェンという香港のアクションスターが映画でやって有名に。

酒がめを抱いた姿勢で身を守る

アルコールで火を噴く

大五郎の瓶で叩く

おちょこを持っている手の形で、女らしく

千鳥足で近づき、吐くふりをして相手をひるませ一撃

会社のサバイバル

SOS ⑩

# 上司が気分屋すぎたら…？

上司の感情の起伏が激しくて困っています。
さっきまで機嫌が良かったと思ったら、急に怒り出したり…。
どのタイミングで怒り出すかわからないので、
ヒヤヒヤしてイヤな汗をかく毎日です。
どのように対処すればよいでしょうか。

レッツ！サバイバル！

# 上司は「山の天気」

上司の虫の居所をサバイバル用語で例えると「変わりやすい山の天気」。嵐も待てば必ず去りますから、上司の天気予報士になり、嵐を予測しましょう。

1 上司を毎日観察する。

2 上司のご機嫌をグラフに落とし込み、分析する。

そのうち、上司のイライラする時期や怒りのスイッチオンのタイミングがわかるようになります。

## 3 怒る直前にみんなに連絡して、給湯室に避難する。

イライラ期には、
森林の香りのアロマを焚いたり、
イケメンの写真を飾ったりして、
上司の心を落ち着かせましょう。

### 乙女の豆知識

**乙女の連絡方法**

緊急警報を知らせるスキがないときには、机に花を飾り、その花言葉でみんなに危険をお知らせいたしましょう。

◉キョウチクトウ
「注意」「危険」「用心」
◉シャクナゲ
「警戒」「危険」
◉ミント（ハッカ）
「遠くに逃げて」
◉ハコベ
「給湯室に集合」

乙女のスピリチュアルレッスン

## マインドフルネス

上司に捕まってしまった時には、マインドフルネスを利用して、上司の存在を忘れてみましょう。

**「マインドフルネス」とは…**

現在のありのままに意識を向け、ただ観ることによって、苦しみから解放されようとすること。

### マインドフルネスを得るための
### レーズンエクササイズ

**1** 1粒のレーズンを手のひらに置き、生まれてはじめてレーズンを見るような気持ちになって、じっくりと意識を集中しながら眺める。

**2** 手で触ってみて、その感触をじっくりと感じる。

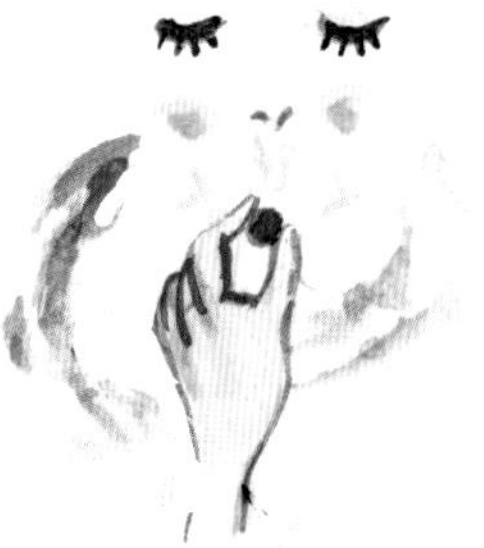

**3** さらに、匂いを
ゆっくりと嗅ぐ。

**4** 口の中にレーズンを入れ、
舌の上で転がしながら舌触りを確かめる。
意識してゆっくりと嚙み、味わい、
少しずつ飲み込む。

**5** のどを通って、胃に落ちて
いくまでの感覚にも
意識を集中させる。

レーズンをゆっくりと
味わっている間に、気づけば、
上司のご機嫌は直っているはず。
頃合いを見て、上司の机にも
そっとレーズンを
置いてさしあげましょう。

# 乙女の地雷脱出チャート

## お局様とのランチ編

世の中には、踏んではいけない様々な地雷ワードが潜んでいます。仕掛けられた地雷ワードを思わず踏んでしまわないように、お局様とのランチの任務を遂行しましょう。

**START**

今日、ランチに行かない？

- A はい！ 喜んで
- B 今日は彼氏と行く約束してるので

何食べに行く？

- A おばさんの好みはわからないんです
- B 貴女について行きます
- C やっぱり一人で食べます

爆発

**お店に到着**

すごい行列ね

- A 私、買い物があるんで、先輩並んどいてくれますか？
- B 私一人で並ぶので、先輩は、どこかで休んでてください

爆発

**店に入って…**

新人の子のファッションあれどうにかなんない？

- A 貴女のも相当だと思いますけど
- B 私もそう思います
- C ああ、そうですか

あの子、どうせ結婚したらやめちゃうんでしょ

- A 私もそのつもりです
- B 貴女も結婚すればいいんじゃないですか？
- C 私は仕事、頑張りたいんです

爆発

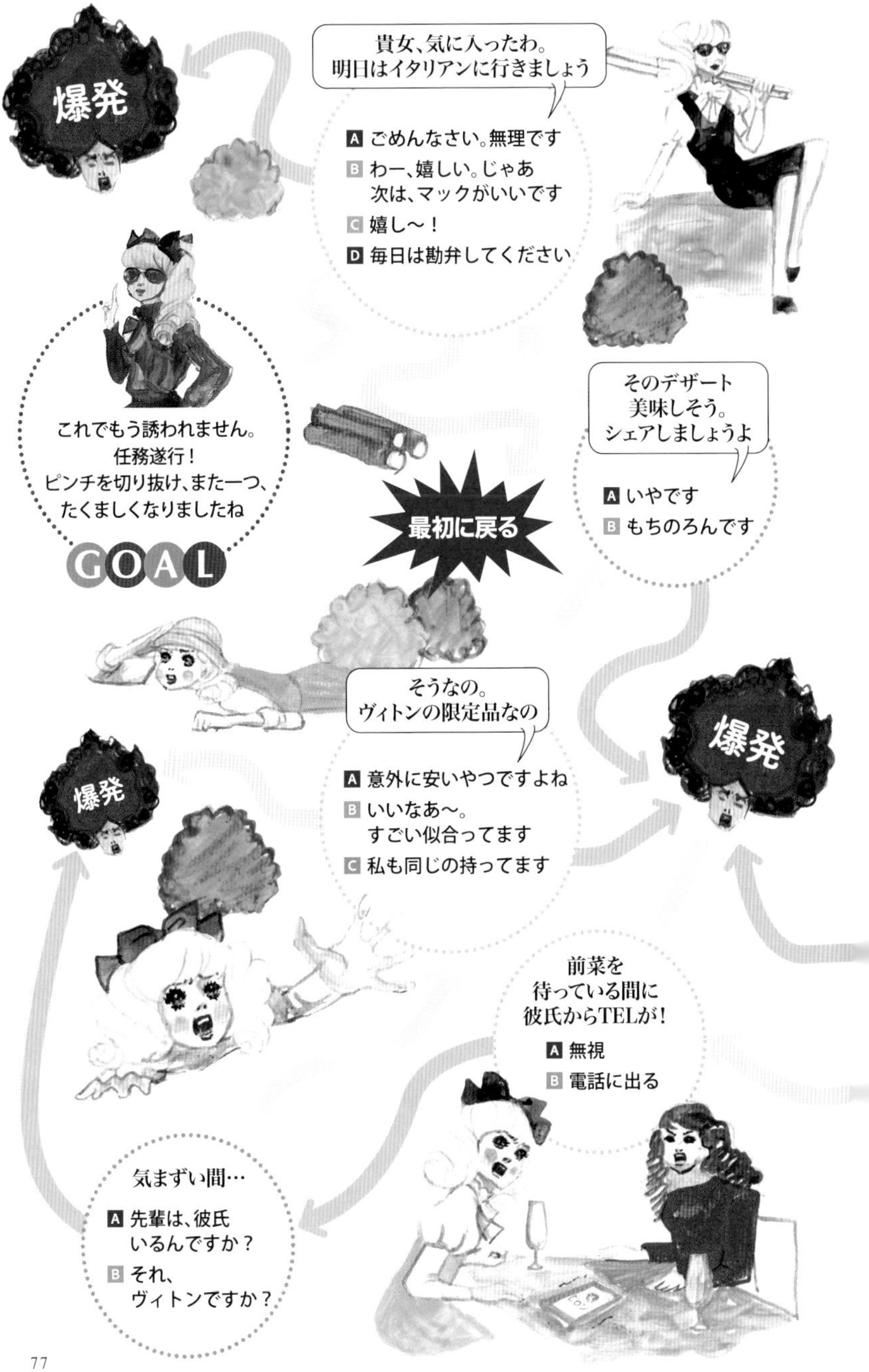
爆発
貴女、気に入ったわ。
明日はイタリアンに行きましょう
A ごめんなさい。無理です
B わー、嬉しい。じゃあ
次は、マックがいいです
C 嬉し〜！
D 毎日は勘弁してください
これでもう誘われません。
任務遂行！
ピンチを切り抜け、また一つ、
たくましくなりましたね
GOAL
最初に戻る
そのデザート
美味しそう。
シェアしましょうよ
A いやです
B もちのろんです
そうなの。
ヴィトンの限定品なの
A 意外に安いやつですよね
B いいなあ〜。
すごい似合ってます
C 私も同じの持ってます
爆発
爆発
前菜を
待っている間に
彼氏からTELが！
A 無視
B 電話に出る
気まずい間…
A 先輩は、彼氏
いるんですか？
B それ、
ヴィトンですか？

ヤッチマイナ

# 第三章★暮らしのサバイバル

暮らしのサバイバル

# SOS①

## SNSで「いいね！」を押したくないときは…？

実は動物が苦手です。
でも、人はなぜ、犬や子どもの写真には「いいね！」を押すのに、
私がアップした花の名前を筆記体で書いたものへは
「いいね！」を押さないのでしょう？
動物好きになりたくて、ムツゴロウさんの本を買ってみましたが、
インスタに載っているものとはだいぶ違っていて驚きました。
この映え時代を切り抜ける方法をお教えください。

レッツ！サバイバル！

# 心から「いいね！」を押せる体になろう

「いいね！」が押せないのは、貴女が自分の生活に満足しているからです。自分を極限まで追い込みましょう。

**1** 女っ気がなく、汗臭く、むさ苦しい場所に入り浸る。

［例］男子の部室・漫画喫茶・雀荘・満員電車・新橋

**2** 寺で滝行する。

**3** 信じてくれていた人を裏切る。

**4** 娯楽をいっさい排除した生活をする。

こうすれば、自然に動物や子どものかわいさに癒され、「いいね！」を押したくなります。

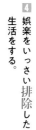

## ★そこまでしなくても、表面的に「いいね!」できれば御の字な貴女は…

「いいね!」は「見ました」という報告ぐらいに思っていればよろしい。
社長がハンコを押す要領で、心を無にすることが大切です。

〈ポイント1〉

一定のリズムを保って機械的に。

★昭和生まれの方
「与作」の「かーっ」のところで押す

★平成生まれの方
「Lemon」の「うぇっ」のところで押す

## ポイント２

### テンション高め芸人のごとく「いいね！」を置きにいく。

［例］ダチョウ倶楽部の「やーっ」
ダンディ坂野の「ゲッツ」

一発ギャグを続けていると、
変なテンションになって、
自ら簡単に
「いいね！」ができます。

## 真のサバイバリスト・ムツゴロウさんから学ぼう

北海道に「動物王国」を作った動物好きなおじいさんというイメージが強い、ムツゴロウさんですが、実はただの動物好きではくくれない物凄い人です。

**畑 正憲**（はた・まさのり）
1935年4月17日生まれ。日本の小説家、エッセイスト、動物研究家。愛称は「ムツゴロウさん」

### 「カメラアイ」で勉強しなくても東大に合格

いわゆる「カメラアイ」を持ち、見たものを映像として記憶することができるムツゴロウさんは、教科書も一回読めば覚えてしまい、勉強せずに東大に合格しました。

### プロ級どころではない麻雀の腕前

ムツゴロウさんは、天才麻雀士の顔を持っています。
パイの裏の汚れを覚え、すべてのパイを見分け、さらに確率論を駆使し、当時は日本で一番強いとまで言われました。
ムツゴロウ王国では、倒れるまで徹夜で麻雀打ちが行われたそうです。

### 文才もある

数々のエッセイを世に送り出したムツゴロウさん。1977年に菊池寛賞を受賞。奥さんとの馴れ初めを描いた『ムツゴロウの結婚記』は映画化までされました。

### ムツゴロウさん名言集

**「こんなのケガには入らない」**

ライオンとじゃれていて、指を噛みちぎられても「こんなのケガに入らない」と言ったムツゴロウさん。病は気から。多少の痛みや悩みも、この一件を思い出せば、全然、大したことではないと思えるはず。

**「美味しそうですね」**

子牛をかわいいと見ていたムツゴロウさん、放尿している後ろから「美味しそうですね～」とオシッコを手ですくい、ゴクゴクと飲んだそうです。ムツゴロウさんにとっては「かわいい＝美味しい」。何が起きても、どんなものでも、愛で、そして食べる。不安になりがちなサバイバル時に、精神を安定させる魔法の言葉になることでしょう。

# ムツゴロウさんになろう

## ★裏の顔を持とう

自家用車は
シャコタン
好きな映画は
「極妻」シリーズ

動物の本では、ほんわか笑顔で表紙を飾るムツゴロウさんですが、麻雀の本では一変、ゴッドファーザー風の強面に。ムツゴロウさんを見習って、乙女らしからぬ裏の顔を持てば、人間として立体的になり、サバイバル時にも一目置かれる存在に。

## ★チャレンジ精神を忘れずに

大したことじゃないけど
スキです

ムツゴロウさんは、盲腸の手術後、お医者さんに頼み込んで、自分の盲腸を網で焼いて食べたそうです。好奇心の翼は無限です。ムツゴロウさんのチャレンジに比べれば、例えば愛の告白なんて、屁でもありません。「盲腸食べるくらいなら…」を合言葉に、いろんなことに果敢に挑みましょう。

## ★「待て」は長めに

待て

筆者が、東京ムツゴロウ動物王国に行ったときのこと。公開餌やりタイムで、スタッフがワンちゃんたちに餌の前で3分間も「待て」をさせ続け、犬の口からは大量のヨダレが…。ようやくお許しが出て、餌にがっつく犬たちの獰猛さが忘れられません。

でも、今思えば、飼い馴らされた犬たちの野性の本能を呼び起こすためのムツゴロウ流ご褒美だったのかも。生存本能の高い男を育てるには「待て」を長めに、十分に焦らしてからご褒美をあげましょう。

### ムツゴロウ遭遇記

今から十数年ほど前のこと。新幹線のホームでムツゴロウさんに遭遇し、思わずサインを頼みました。私の顔をじっと見ながら、何やらペンを走らせるムツゴロウさん。なんと私の似顔絵を描いてくれていたのです。筆者の顔があまり特徴的ではなかったせいで、ムツゴロウさんのカメラアイはうまく作動せず、何度も私の顔を見ながら描いてくれましたが、今となっては、ムツゴロウ'sカメラアイを視覚化した貴重な逸品となりました。

# 乙女の「いいね！」スタンプカード

## ポイントが貯まったら自分にご褒美を買ってあげよう

1 → 10 → 20

81 → 90 → 100

181 → 190 → 200

281 → 290 → 300

381 → 390 → 400

481 → 490 → 500

★ 100ポイントごとに、タピオカミルクティ/シルクのパジャマ/エステ/ダイヤモンド
★ 500ポイント貯めたら、海外旅行をプレゼント

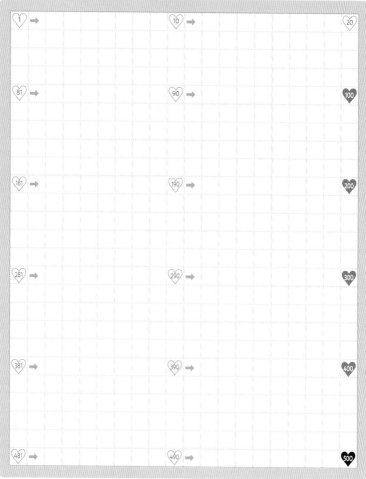

暮らしのサバイバル

SOS②

# お金が貯められないときは…？

一人暮らしを始めました。
節約をしたいのに、つい無駄遣いをいたしてしまいます。
今日も、コンビニで新作スイーツを買ってしまいました。
いつか、お金を貯めて、両親からいただいた仕送りを、
封も切らずに送り返してみたいのです。
アドバイスをいただけますと幸いです。

# お札は紙切れです

災害時には、お金は全く役に立ちません。サバイバルのときに備えて、お金を使わない生活を身につけましょう。

## ★乙女の食べられるお花リスト

### ｛スミレ｝

葉や花は食べやすく、サラダにそのまま入れてもおしゃれです。古代ギリシャや古代ローマでは、頭痛や二日酔いの薬に使っていたそうです。

- カレーにトッピングすれば、ぐっと女子力が高まります。
- 砂糖漬けもオススメ。

### ｛オオイヌノフグリ｝

そのままちらし寿司やサラダなどにトッピング。熱を通しても色が変わらないので、ホットケーキなどにのせても喜ばれます。

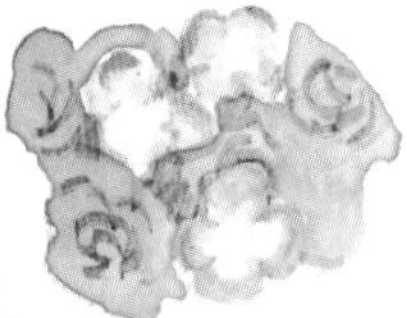

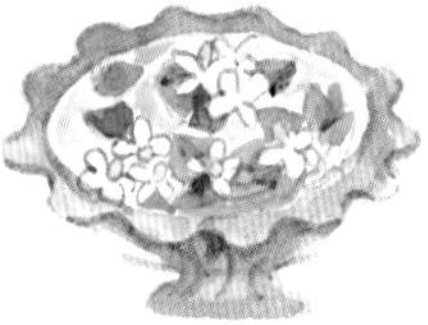

### ｛ドクダミ｝

干してお茶にするのが一般的ですが、抗菌作用や消臭作用もあるので、梅雨の時期に、お水に浮かべて置けば、お部屋の消臭フレグランスに。

## ★食べられる虫リスト

### ｛ミールワーム｝

ハリネズミの餌によく使われます。オーブンで焼いて、チョコレートをかけたり、キャラメリゼしてアイスなどにトッピングすれば、美味しいデザートになります。

### ｛カラスノエンドウ｝

野菜のエンドウ豆と同じ香りで、新芽は柔らかく、初心者でも摘みやすく食べやすいです。お浸しや、お味噌汁にどうぞ。

### ｛ヨモギ｝

草餅やお団子によく使われます。お灸や足湯にも使えます。
オリーブオイル、くるみとミキサーで混ぜて、ヨモギのジェノベーゼ風ソースに。

### ｛ハコベ｝

ハコベの青汁をクレイに混ぜて、パックすればお肌ツルツルに。

### ｛キンモクセイ｝

摘み立ての花びらをヨーグルトに散らしてみました。お酒にすると美味しいです。

[出典] 山下智道『野草と暮らす 365 日』山と溪谷社

### ｛タガメ｝

洋梨のようなフルーティな香りがしてとても美味しいです。

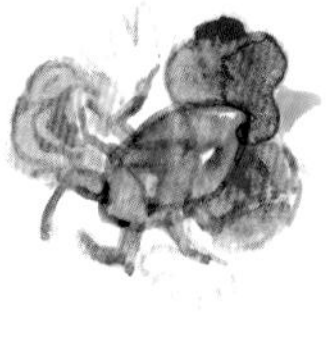

**最終的に、お札がタダの紙切れに見えれば、現代のサバイバル乙女の完成です。**

### ｛カミキリムシ｝

幼虫はトロのようで、最高に美味しいです。

### ｛カメムシ｝

シチューに風味をつけるために、いろいろな国でよく使われます。

# 乙女の工作教室

お金が紙切れに見えてきたら、余ったお札を使って、
いろいろなものを手作りしてみましょう。

かわいいブーケに

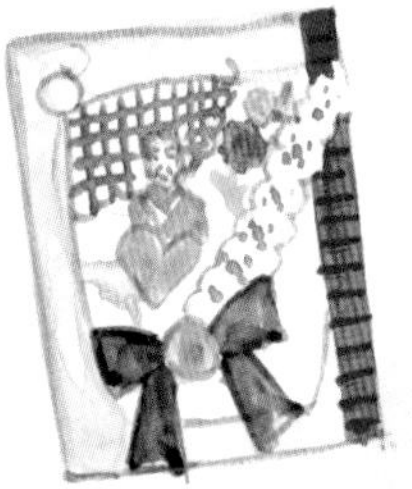

デコパージュに

ロゼットに

シュレッダーに
かけて細かく
すれば、
ラッピングの
緩衝材にも使えます

暮らしのサバイバル

# SOS③

## 親に「いつになったら結婚するの」と言われないためには…？

実家に帰る度に、両親に
「いつになったら、結婚するの？」と聞かれます。
自分では「結婚は墓場だ」とか言っているのに、
なぜ私には、結婚してほしいのでしょうか。
隙あらば聞いてやろうと待ち構えている両親を
なんとかやり過ごしたいです。
実家でのサバイバル法をご伝授ください。

レッツ！サバイバル！

# なるべく両親に会わないようにしよう

できる限り、両親と顔を合わせないように細心の注意を払いましょう。

★実家の見取り図を確認しておきましょう

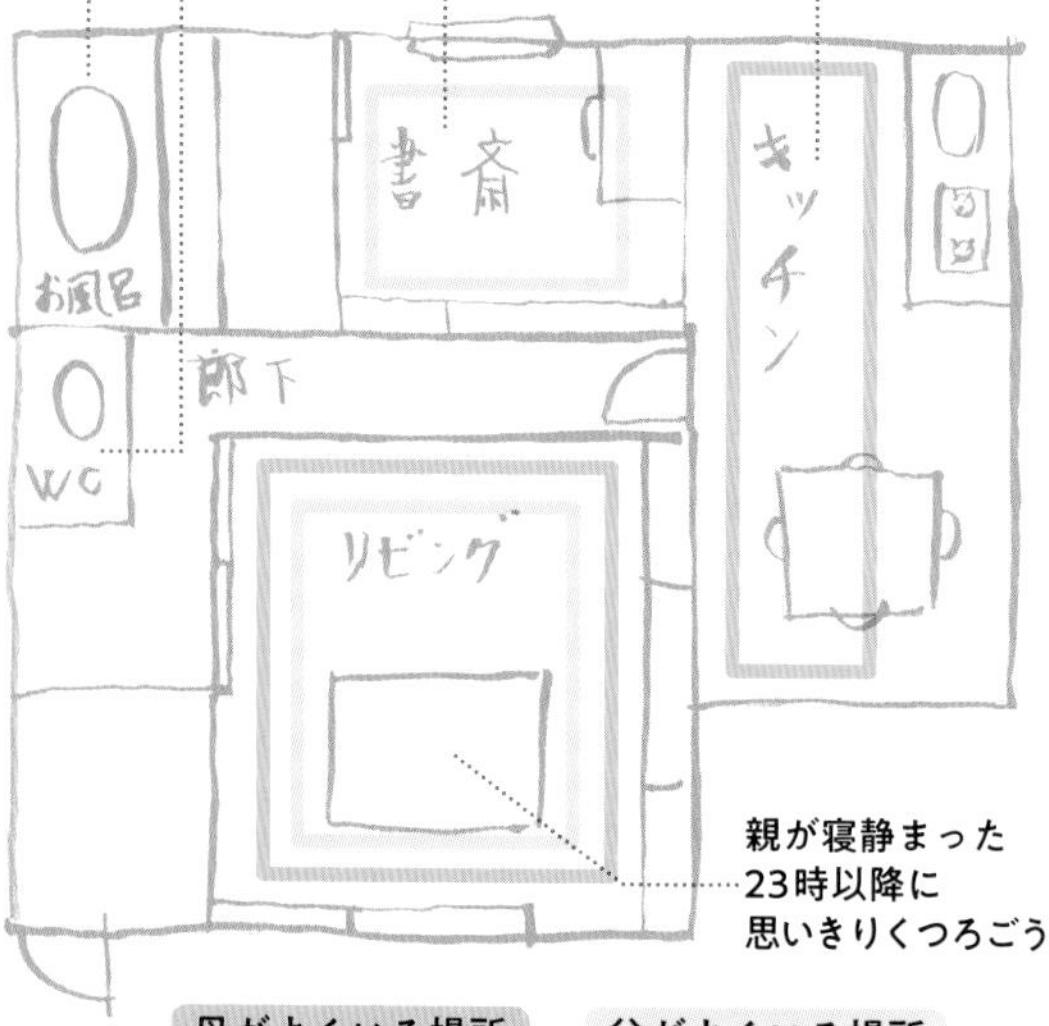
トイレとお風呂は、時間帯をずらす
書斎は父がいない時の、良い隠れ場所になる
母がリビングにいる時を見計らって、おやつを手に入れる
お風呂
WC
廊下
書斎
キッチン
リビング
親が寝静まった23時以降に思いきりくつろごう
母がよくいる場所
父がよくいる場所

※足音に気を配り、人気がないところを見計らって、動こう

**乙女の豆知識**

**結婚についての格言を紹介します。偉人の方々も、結婚生活には苦労されているのですネ。**

●男はみんなバクチ打ちなのさ。じゃなきゃ結婚なんてしやしない。
――by フレデリック・リット

## どうしても会わなくてはならないご飯の時には…

お母さんが「いつになったら結婚するの」の「い」の口になったらすぐに…

★箸を折る

★リンゴを握りつぶす

★「い」のお口に食べ物を詰め込む

人生の幸せが結婚とは限りません。
現代の乙女のスローガンは
「清く正しくたくましく」です。

●結婚するとき、妻を食べてしまいたいほどかわいいと思った。今思うと、あのとき食べてしまえばよかったよ。
——by アーサー・ゴッドフリー

●あらゆる智恵の中で、結婚に関する知識が一番遅れている。
——by バルザック

●結婚は、どんな羅針盤も今まで航路を発見したことのない荒海。
——by ハイネ

●朝夕の食事はまずくてもほめて食うべし。
——by 伊達政宗

●急いで結婚する必要はない。結婚は果物と違って、どんなに遅くても季節はずれになることはないから。
——by トルストイ

●結婚前には両目を大きく開けて見よ。結婚後は片目を閉じよ。
——by トーマス・フラー

●独身者とは、妻を見つけないことに成功した男のことだ。
——by アンドレ・プレヴォー

Boss of the ladies

# ミロ子のエトセトラ

## もう二度と「結婚しなさい」と言わせない裏技

　ご両親に結婚しなさいとうるさく言われなくなるには、「もう結婚しなくてもいい」と思ってもらうのが一番です。結婚を反対されそうな人を彼氏と偽り、立て続けに紹介してみるのはいかがでしょうか。

1 フリーター
←
2 自称青年実業家
←
3 売れないバンドマン
←
4 ものすごく個性の強い人
←
5 バツ3の人
←
6 お父さんと同い年の人

【乙女俳句】
ピンチには
きみまろCD
リピートで

　順番に紹介していけば、これなら結婚しない方がいいかもという風に両親の気持ちも変化していくことでしょう。
　反対された後、「あの時の私、どうかしてたね。反対してくれてありがとう」と感謝の気持ちを示せば、親子の絆もより深まり一石二鳥です。

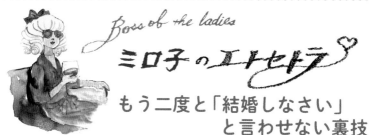

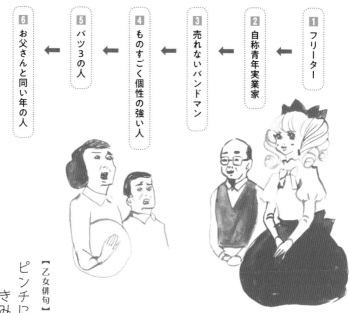

暮らしのサバイバル

# SOS④

## うっかり終電を逃したら…？

乙女としてお恥ずかしい限りでございますが、
つい飲み過ぎて、終電を逃してしまいました。
でも私、どんな困難が起きようとも生き抜ける、
強い女になりたいのです。
どのように一晩明かしたら良いでしょうか。

レッツ！
サバイバル！

# 野宿をしよう

いつでもどこででも眠れること。
それが、現代を生き抜く乙女の必須事項です。

## ★乙女流野宿のコツ

1 パラソルを使って
風よけ、雨よけに
いたしましょう。

2 木の多い場所では、
レースのクロスを
屋根に
いたしましょう。

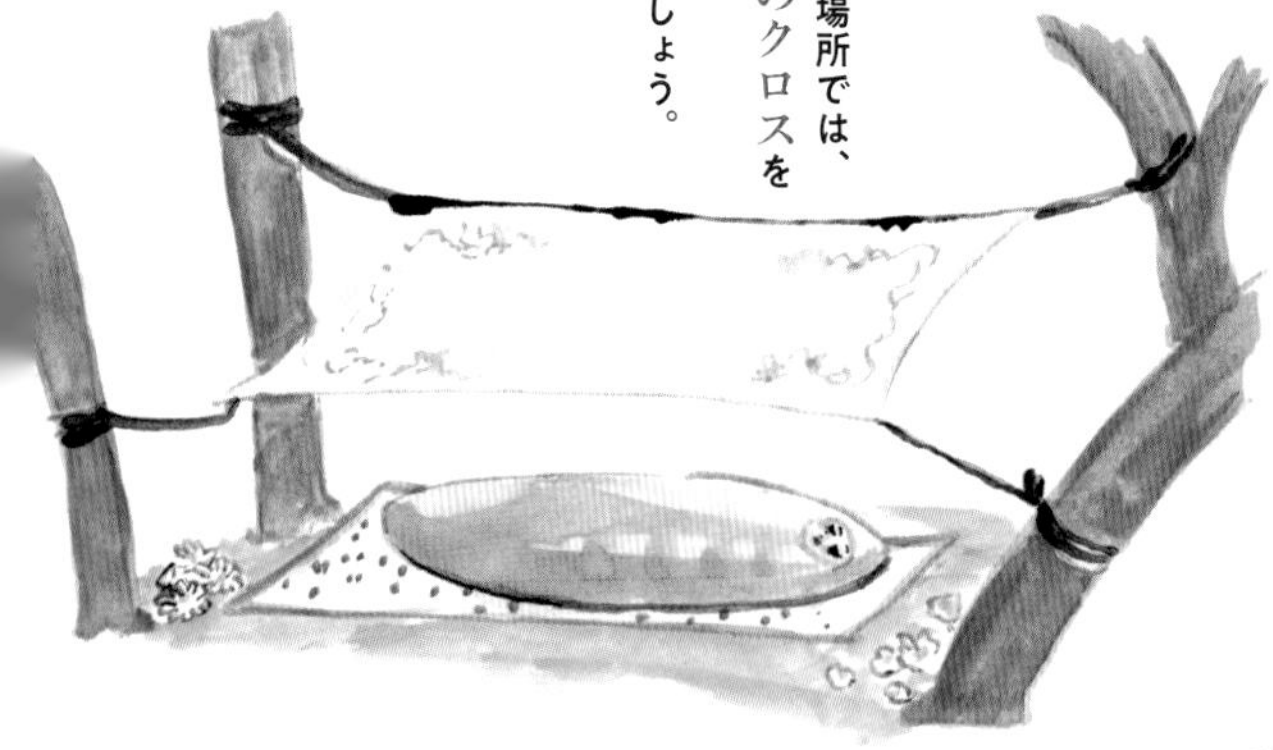

3 枝を集めて並べ、枯葉や草をのせて、地面との間に隙間を作れば、クッション代わりになり、フカフカのベッドのように快適に。

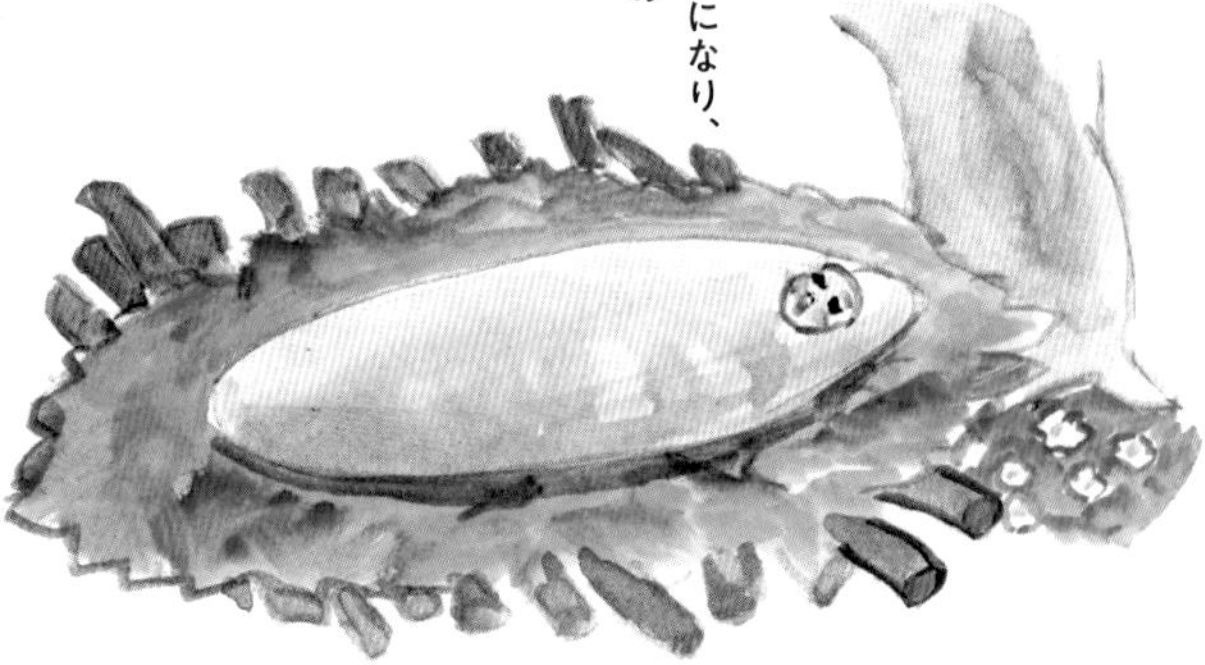

母なる大地に体をうずめ、星空を見ながら夜をすごす。野宿の醍醐味を味わいましょう。

## 乙女が外敵から身を守る裏技

おじさんに変装する。

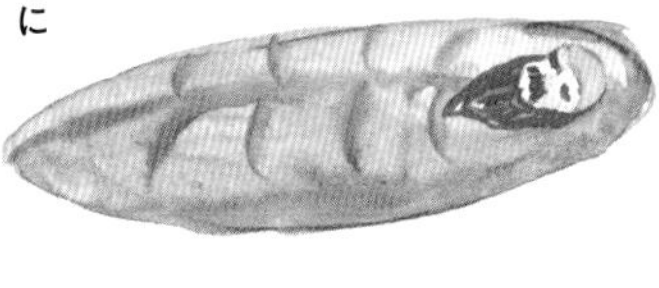

眠り姫のようにいばらに守ってもらう。

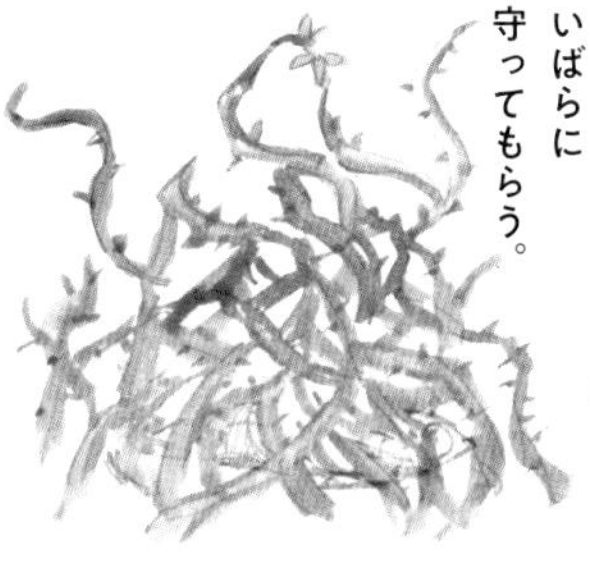

近づいてはいけないような雰囲気を作る。

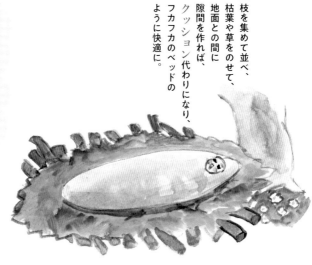

乙女の豆知識

## 【おトイレの作り方】

トイレのないところでの簡易的な作り方を伝授いたします。

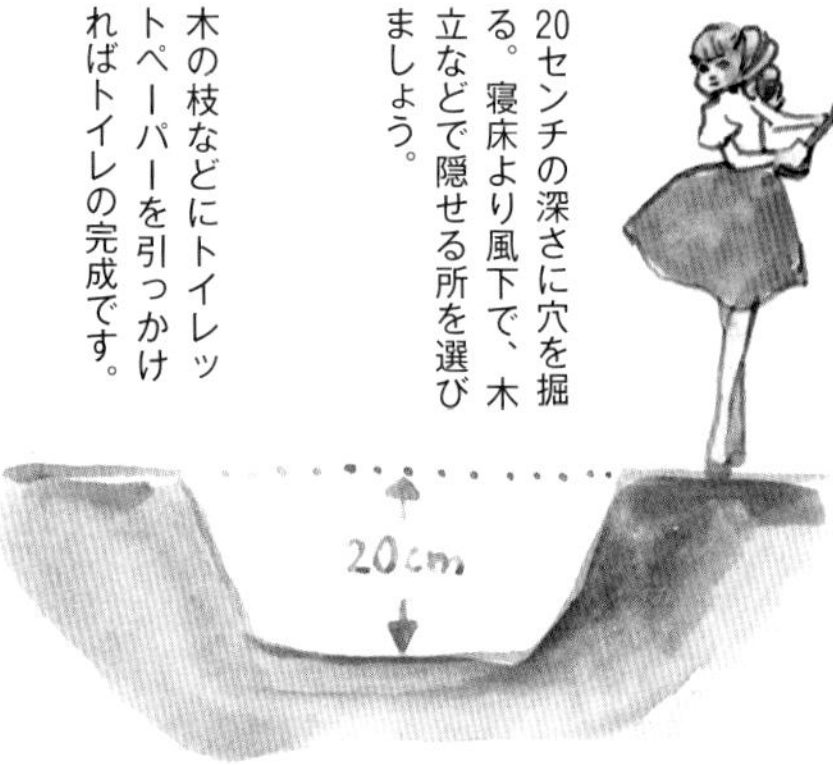


① 20センチの深さに穴を掘る。寝床より風下で、木立などで隠せる所を選びましょう。

② 木の枝などにトイレットペーパーを引っかければトイレの完成です。

③ 用を足したら、1回ごとに砂をかける。杉の葉をしきつめておくと、杉の香りで匂いをおさえることができます。

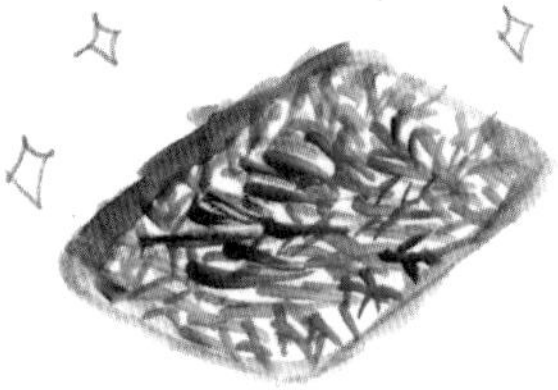

④ 去る時は「トイレ」と書いた札を地面に差し、次に野宿する人に、ここにトイレがあったことをお知らせするのがエチケットです。

# Boss of the ladies
# ミロ子のエトセトラ

## ネットカフェでのエチケット

まだ野宿の勇気が持てないという、いたいけな乙女の方には、ひとまず、ネットカフェの利用をオススメしております。

**[ 必需品 ]**

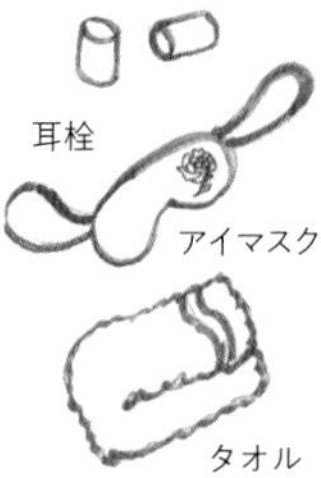
耳栓
アイマスク
タオル

ネットカフェ宿泊で危険から乙女を守るおまじないをお教えしておきます。

**●部屋の前に怖い漫画を置いておく**

本当にあった
隣の人

**●読経のテープを流しておく**

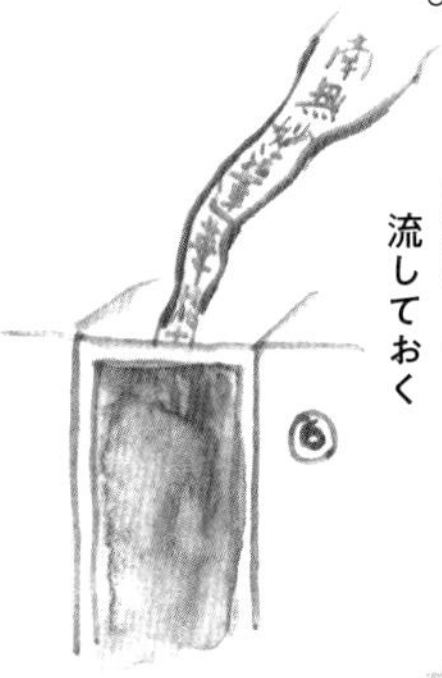

これで、ブースへの悪人の侵入を永久に防ぐことができます。

**効果抜群! ミロ子の家に伝わる（一代限りですが）速攻で眠れる裏技。**

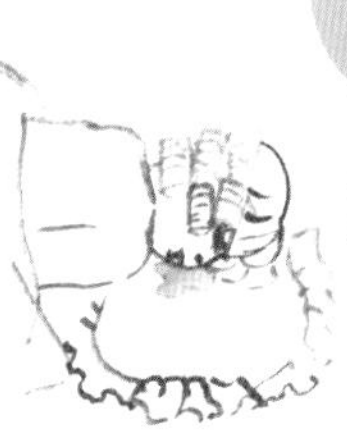

呼吸をし、息を吸う時に、意図的に豚っ鼻を鳴らす。ただ無心に豚っ鼻のことを考えよう。

フガッ…

ヨダレが垂れるくらいまでに体が脱力したら眠りのサイン。

【乙女俳句】
規則的に
舌打ちするのも
オススメです

チッ

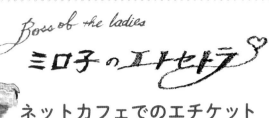

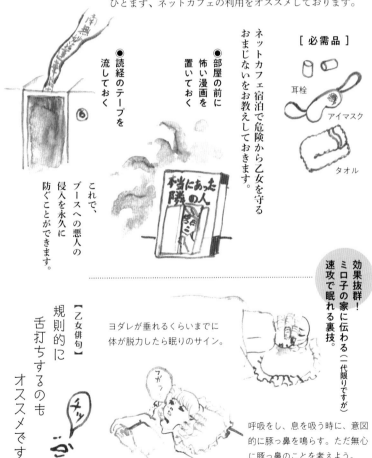

髪切った？

# 第四章★己のサバイバル

己のサバイバル

# SOS①

## 部屋が片付けられない
## ときは…？

私は、片付けられない女です。
お気に入りだったポエム集やブローチは、ゴミの山の奥深くに…。
もう３年もお目にかかっておりません。
先日、ペットのプードルが生き埋めになり、
流石にマズイなと思うようになりました。
どうしたら片付け上手になれるでしょうか。

レッツ！
サバイバル！

# サバイバル流に断捨離しよう

家のものを、サバイバルの時に必要なものと、必要でないもので仕分けましょう。物の価値観を根底から覆すことができます。

## 仕分け例1

水中で浮き袋にできるものと、できないもので分けてみましょう。

### 浮き袋にできる➡捨てない

★ジップロック
★ズボン
★ビニール袋
★スカート
★クーラーボックス
★ペットボトル
★牛乳パック　など

### 浮き袋にできない➡捨てる

★毛皮のコート
★食べ物
★漫画
★パソコン

## 仕分け例 2

災害時に再利用できるものと、できないもので分けてみましょう。

### 再利用できる ➡ 捨てない

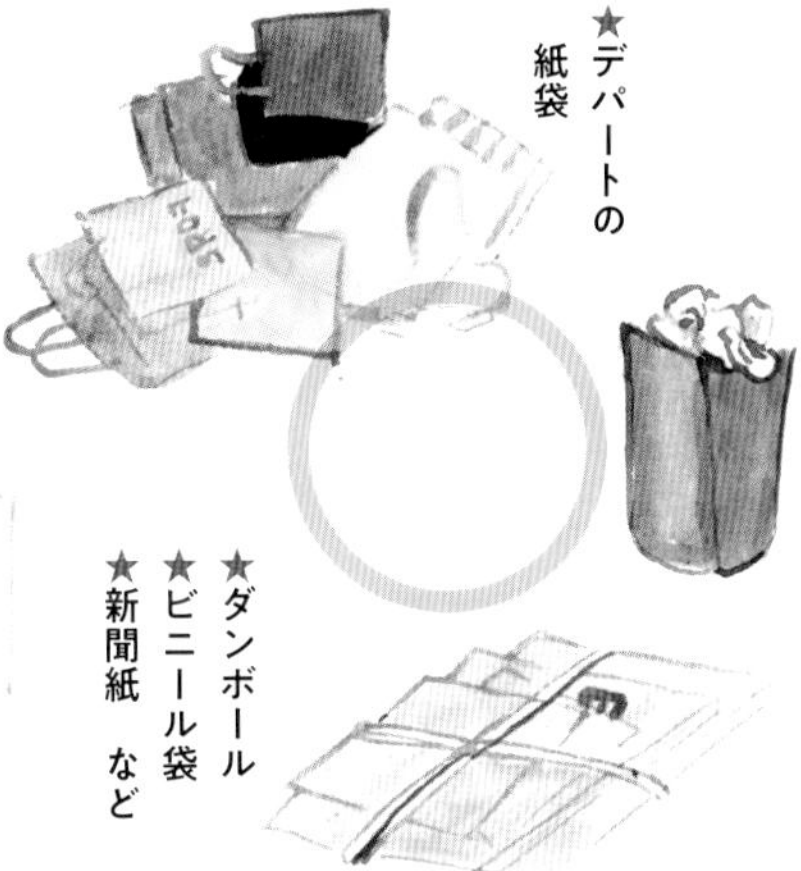

★デパートの紙袋

★スーパーの袋

★ダンボール
★ビニール袋
★新聞紙　など

### 再利用できない ➡ 捨てる

★そのほかのもの

生きる時に本当に
必要なものは、
一般的にゴミと
思われているものなのかも
しれません。
ご健闘をお祈りします。

### 乙女の豆知識

**ズボンを使った浮き輪の作り方**

①ズボンを脱ぎ、裾を結ぶ。

②はき口の方を持って振り回し、空気を入れる。

③はきの口を手で押さえて体を乗せる。

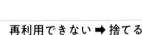

# Boss of the ladies ミロ子のエトセトラ

## ゴミをアートにしよう

それでもやっぱり捨てられないという乙女にとっておきのアイディアをお教えします。それは「アート」。

ゴミを積み上げて形作り、それらしいタイトルをつけましょう。そうすれば、あっという間にアート作品に早変わりします。

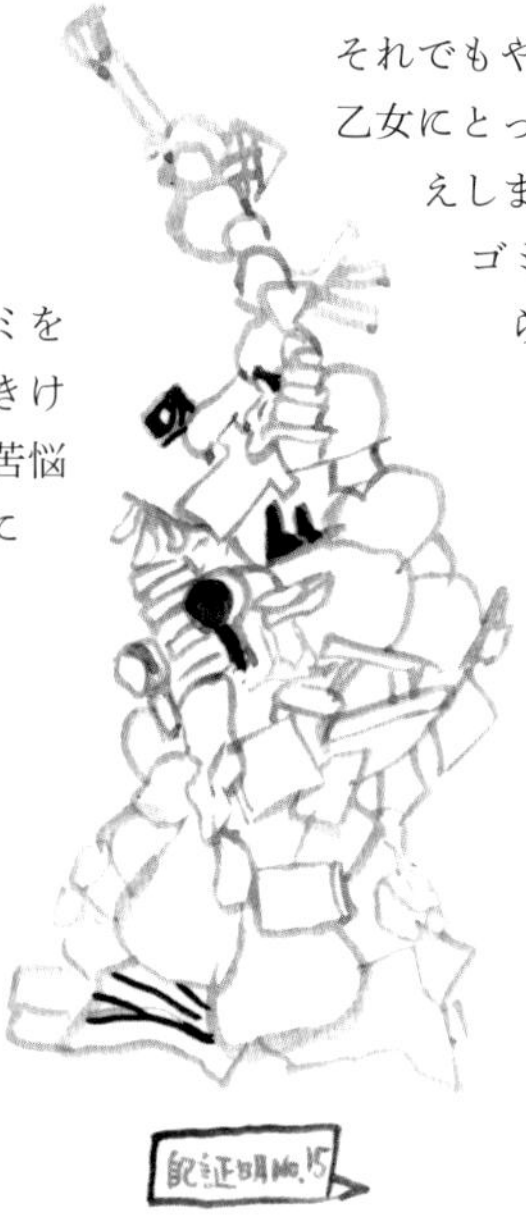

ポイントは、なるべくゴミを捨てないこと。作品が大きければ大きいほど、作者の苦悩の深さを表現したように見せることができますし、インパクトも増すので、作品の価値がうなぎのぼりになります。
入場料がとれるようになれば、本物です。
ファイトオー。

◉オススメの作品タイトル

「過去との対峙」

「hello! it's me」

「孤独の塔」

「集合体 2021」

「あつまれ苦悩の森」

「宇宙Ⅰ～TOKYOの片隅で～」

「化身～暗闇で声にならない叫びを聞いたことがありますか？～」

【乙女俳句】
友達に
借りた本から
キノコ生え

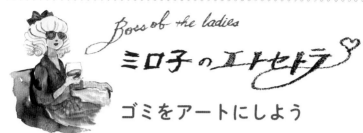

己のサバイバル

# SOS②

## 自分のことが
## よくわからないときは…？

他人のことはわかるのに、
自分のことって、全くよくわかりません。
一体、私ってどんな人間なのですか？
答えに困ると思いますが、教えていただけると助かります。

# 自分を監視しよう

自分の本当の姿というのは、実は自分自身が一番知らないのかもしれません。

**1** 監視カメラをいろんなところに設置して、自分の生活を24時間体制で監視しましょう。

**2 録画した映像を**
**すべてチェックいたしましょう。**

←

意外な一面が見えてきただろう。
知りたくない面もあったろう。
でも、何より感じたのは
すべてのカメラのチェックは
とても面倒くさかった
ということだろう。

そう。
自分を知ることは、
面倒くさいことなのです。

知らなくったって
いいじゃないか。
それでいいのだ。
にんげんだもの。

Boss of the ladies
ミロ子のエトセトラ

## 人類をざっくりと分ける方法

自分がどんな人間かわからなくて、袋小路にはまってしまったときに自分をざっくり分類してみましょう。

**1**

小泉純一郎派
小泉孝太郎派
小泉進次郎派

**2**

織田信長派
豊臣秀吉派
徳川家康派

**3**

福士蒼汰派
中川大志派

**4**

スカイツリー派
東京タワー派

**5**

ハワイアンズ派
ハワイ派

【乙女俳句】
お弁当
肉か魚で
自分を知る

ざっくりとですが、何かが見えてきたかもしれません。

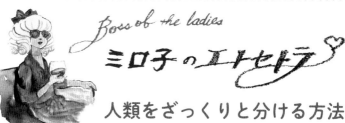

己のサバイバル

# SOS③

## 加工しすぎて
## 人前に出られなくなったら…？

お化粧や画像加工が日々エスカレートして
加工前の顔と違いすぎて、人に会うのが怖いです。
今朝は、鏡に映ったすっぴんの自分に「誰!?」と
悲鳴をあげてしまいました。こんな私をどうかお助けください。

レッツ！
サバイバル！

## もう一人の自分を楽しもう

メイクした顔が本物だと信じられているなら、すっぴんの貴女は自由。
素顔でいろいろな人の周りに出没し、社内の秘密を探りましょう。

こないだ
課長のお茶に
洗剤入れ
ちゃったの

｛同僚A子の秘密｝

ホテル
行こうよ〜

｛課長の秘密｝

多一郎で〜す♡

｛社長の秘密｝

こうして
収集した秘密は、
いつか何かの役に
立つはずです。

自分だけど
自分じゃない。
そんな気分で
繰り出す街の風景は、
いつもとは違う色を
見せるはず。
ご健闘
お祈りいたします。

## SNSの加工がどうしてもバレたくない場合

プロジェクションマッピングで、常に顔に加工後の顔を投影いたしましょう。

乙女の豆知識

### 平成に加工で爪痕を残した「ヤマンバギャル」

昔々、1990年代後半の東京・渋谷にヤマンバのように恐ろしいメイクを施したヤマンバギャルという若い女子たちがおりました。ギャル雑誌『egg』に写真を掲載されるために、目立とうとメイクを盛っているうちに、どんどんエスカレートして、あの形になっていったそうです。目立ちたいという思いとノリが、彼女たちの印象的な姿を作り上げたのですね。その後、彼女たちは大人になるとメイクを落とし、日焼けを気にして日傘をさす普通の女性になったそうな。

## 乙女たちの筋肉講座【第5回】

# 筋肉でメイクしよう

顔の筋肉を鍛えれば、
整形することなく、
すっぴんをメイク顔に
近づけることができます。
「筋肉は嘘をつかない」。
これが、現代を生き抜く
乙女の合言葉です。

### ◉目を大きくするには
### →眼輪筋を鍛えよう

①目をギューっと
閉じてから見開く。

②目を大きく見開いたら
ぐるぐる回そう。

### ◉鼻を高くするには

・鼻をつまむ。
・鼻をすぼませてキープ。

### ◉口角を上げるには

・500㎖のペットボトルに
水を100㎖入れて、
唇でくわえる。

・空の2ℓのペットボトルの
空気を凹むまで吸い込み、
息を吐いて元に戻す。

［出典］くちラボ：http://kuchi-lab.com/

己のサバイバル

# SOS④

## 自分のことが
## 好きになれないときは…？

「誰かを好きになるためにはまず、自分のことを好きになろう」と
囁かれている今日この頃ですが、
自分のことを好きになってみようと思っても、気づけば、
コンプレックスが渦巻いて、いつもため息をつく午後11時。
私に何か良きアドバイスをください。

レッツ！サバイバル！

# 自分の中のお宝を探そう

自転車で日本一周しても、そんなに自分は変えられませんので、楽して、自宅でできる自分探しの旅に出てみましょう。

**1** 旅の前にご挨拶。

［準備するもの］
虫眼鏡・鏡・動きやすい服装・好きなところチェック表・万年筆

それでは行って参ります

**2** 人にはない自分の好きなところを体の隅々まで、一つ一つ丁寧に探索しましょう。

指毛少々あり

よいしょ
よいしょ

**例えば…**

- ☑鼻の穴の形が綺麗
- ☑鼻毛が出たことがない
- ☑寝癖が出ない。ヨダレを垂らさないで寝ることができる
- ☑酔うと陽気になる
- ☑頭の中にそろばんがある
- ☑足の指をものすごく広げられる
- ☑指毛が少ない。爪の色が健康的
- ☑指が長い
  ……etc.

どんな些細なことでも構いません。
いいところを残らず拾い集めましょう。

チェック表を小さく折りたたんで小瓶に詰め、
肌身離さず持ち歩きます。
もし、自信がなくなってしまったときには、
チェック表を思い出し、
自分の好きなところを
お空に思い浮かべましょう。

人間は一人として
同じ人はいません。
世界で一つだけの自分という
生き物を慈しんであげてください。

Boss of the ladies

# ミロ子のエトセトラ

## いらない思い出はなかったことにしよう！

人間生きていると、消したい過去がいくつもできてくるのは乙女も同じです。それらを我慢して背負っていく必要はありません。

いらないものは捨てて身軽でいなければ、サバイバルの邪魔になってしまいます。積極的にごっそりこの世から消しておしまいなさい。

◉人にもらって捨てられない贈り物

◉卒業アルバムや成人式での変な着物メイクの写真

◉男子がいかにもやっつけで書いたなと分かって、少し気持ちが下がるクラスの色紙

◉気持ち悪く出来上がった工作の木彫りの置物

乙女は後ろをふり返っちゃあならない。

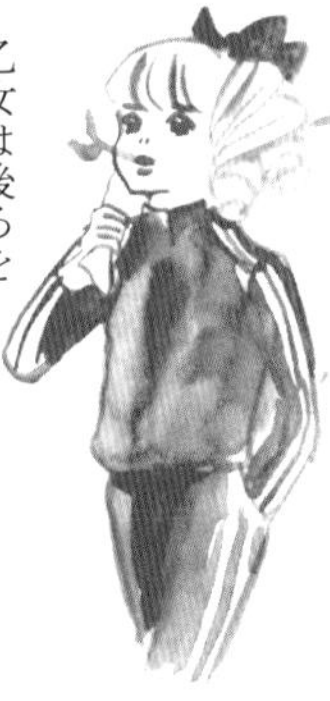

【乙女俳句】
半目の写真
丸ごとごっそり
捨てませう

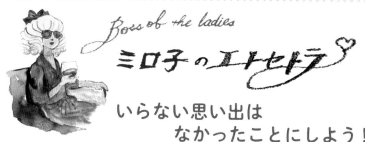

# 乙女の心得

# {12箇条}

◉乙女は、「清く正しくたくましく」あるべし

◉乙女は、乙女服の下に筋肉を隠し持つべし

◉乙女は、食にも男にも肉食主義であるべし

◉乙女は、既読スルーを恐れない

◉乙女は、スイーツの食べ過ぎは、スクワット100回で帳消しにすればよし

◉乙女は、SNSには躍らされない

◉乙女は、いらなくなったものは潔く捨てるべし

◉乙女は、眠たくなったらどこででも眠るべし

◉乙女は、お酒が強いにこしたことなし

◉乙女は、今日の怒りは焼肉で帳消しにすべし

◉乙女は、自分のやりたいことはとことん追求すべし

◉乙女は、グラサンまたはマスクの中に、いつも野心の炎を宿すべし

# 乙女の逆襲プロフィール

写真
（縦3.5cm×横2.5cm）

名　前

ニックネーム　血液型

誕生日　星座　誕生石

住　所

電話番号

・趣味

・好きなタレント

・好きな本

・好きな食べ物

・好きな異性のタイプ

・好きなテレビ番組

・サバを読む時の年齢と干支

・インスタにアップするもの

・この手帖を拾った人へのメッセージ

# 自分の好きなところチェックリスト

自分の素敵な部分を見つけ出し、
チェックすることにより、自ら肯定感を高めましょう。

- □鼻の穴の形が綺麗
- □鼻毛が出たことがない
- □足の指がものすごく広がる
- □ヨダレを垂らさないで寝ることができる
- □指毛が少ない
- □爪の色が健康的
- □酔うと陽気になる
- □頭の中にそろばんがある
- □指が長い
- □時計を見なくてもなんとなく何時かわかる
- □パソコンのブラインドタッチが完璧
- □唇がセクシー
- □隠れ巨乳だ
- □寝て起きても、前髪のまとまりが良い
- □筆跡を変えられる
- □名前が芸名みたいだ
- □どこでも寝られる
- □トイレを結構長時間我慢できる

- □おへその形が良い
- □くじ運が強い
- □骨折をしたことがない
- □青海苔が歯にくっつきづらい
- □まつ毛が長い
- □目が大きい
- □縫い物が得意だ
- □匂いを嗅ぎ分けるのが得意だ
- □1番にはなれないけどビリになったことはない
- □おばあさんによく道を尋ねられる
- □芸能人に遭遇する確率が高い
- □お腹を触るとふわふわしてあったかい
- □お風呂に幸せを感じる
- □物持ちがいい方だ
- □カラオケでハモるのがうまい
- □人の名前を覚えるのが得意だ
- □音を立てずに歩くことができる
- □オナラが臭くない

## 乙女のウィッシュリスト

生きてるうちにやりたいことを、大きいこと・小さいこと、
何でもいいから書き出してみましょう。

例）パソコンの写真を整理する。夜中のおやつを我慢する。

## 乙女の未来図

未来のあなたが、どうなりたいかを書いて、
節目ごとに見返してみましょう。乙女は永遠です。

- 10年後
- 20年後
- 30年後
- 50年後
- 100年後

# あとがき

思えば、最初のエチケット本『淑女のエチケット』を書いてから、16年たちました。

2015年に、女性をテーマにした個展を開くことになり、久しぶりに、乙女、淑女という生き物と向き合ったら、私たちの世界は10年前よりずいぶん変わったと気づきました。

自分自身がだいぶ大人になっていたし、女性のあり方、いよいよ変えてこうよという時代の空気もありました。


女は崖っぷちに立つと、何でもできる底力を持っていますが、乙女にだってきっとその部分があるはずだと、そう思い、崖っぷち乙女を創造しはじめました。色々な映画や音楽を参考にしたのですが、特にクエンティン・タランティーノ監督の「Death Proof」の後半の女性たちには、本当に憧れます。すごく強いのですが、悪者を倒して喜ぶ姿は、隠しきれない乙女の部分が垣間見えて、とてもキュートなのです。

そして、お花を木刀に持ち替え、肉に喰らいつき、一升瓶を片手に、目の前をまっすぐ見すえたニュー乙女が完成しました。

展覧会のタイトルは「乙女の逆襲展」。

どんな反応か予想がつきませんでしたが、すごい反響で、誰もが心の中に、乙女と、逆襲の炎を携えていて、今まで溜め込んでいた我慢のバケツから、水があふれ出そうとしているのがわかりました。

この本も、そんな乙女たちの逆襲の流れをくむものです。『淑女のエチケット』に登場したミロ子も進化形で登場します。

私も、心の中にヌンチャクを握りしめる逆襲乙女を見習って、プライベートでも逆襲をおっぱじめることにしました。まず手始めに、

「共働き夫婦は、家事も半々にすべきである！」

と夫に宣言してみたのです。最初は「えーっ」と言っていた夫でしたが、1年くらい訴え続け、勝利を勝ち取りました。今は、用を足したらトイレの蓋を閉めてもらうために、日夜闘っています。

乙女の世界から世の中を透かして見てわかったのは、時代と女性は、ずっと進化し続けるということ。10年ごとに乙女本を書けば、その度に新しい景色が見えそうです。おばあちゃんになった時に書く乙女本は、きっと最強になるに違いないと思うと、今からワクワクしています。

またその時にお会いできたら幸せです。

かしこ

二〇二一年早春　五月女ケイ子

著者★五月女ケイ子（そおとめ・けいこ）
イラストレーター、エッセイスト、漫画家など。大学で映画学を専攻。独学で絵を描き始め、2002年、挿画を担当した『新しい単位』（扶桑社）がベストセラーに。その後、広告、ポスター、雑誌、CDジャケットなど多方面で活躍。“イラストスプラッター”の異名を持つ。『淑女のエチケット』『愛・バカ博』（以上、扶桑社）や、古事記を大胆に脚色し漫画化した『五月女ケイ子のレッツ!! 古事記』（講談社）、育児エッセイ『親バカ本』（共著、マガジンハウス）など、独自の視点から著書を多数手がける。LINEスタンプ「五月女ケイ子のごあいさつ」シリーズは、国内のみならず海外でも人気に。2018年には台湾で展覧会「五月女桂子的逆襲」を開催した。

★STAFF
ブックデザイン………穴田淳子（a mole design Room）
編　集…………………濱下かな子（平凡社）

# 乙女のサバイバル手帖

2021年2月24日　初版第1刷発行

著　者　五月女ケイ子

発行者　下中美都

発行所　株式会社平凡社
東京都千代田区神田神保町3-29　〒101-0051
電話（03）3230-6584［編集］
（03）3230-6573［営業］
振替　00180-0-29639

印　刷　株式会社東京印書館
製　本　大口製本印刷株式会社


ISBN 978-4-582-83859-6
NDC 分類番号 367.1　四六判（18.8cm）　総ページ 128
平凡社ホームページ https://www.heibonsha.co.jp/
落丁・乱丁本のお取り替えは小社読者サービス係まで
直接お送りください（送料は小社で負担いたします）。